李学勤

罗哲文　俞伟超　曾宪通　彭卿云

大唐文化的奇葩

李　默/主编

中华文明是人类历史上最伟大的文明之一，是人类文明发展的主要构成。中华文明丰富、深刻、辉煌、博大，在人类文明中的骨干作用和领导作用为人所共知。在人类文明的发源时期，中华文明就是四大古文明之一，是地球上文化的策源地之一。

广东旅游出版社
GUANGDONG TRAVEL & TOURISM PRESS
悦读书·悦旅行·悦享人生

中国·广州

图书在版编目（CIP）数据

大唐文化的奇葩 / 李默主编 . — 广州 : 广东旅游
出版社 , 2013.1（2024.8 重印）
ISBN 978-7-80766-446-8

Ⅰ . ①大… Ⅱ . ①李… Ⅲ . ①文化史—中国—唐代
Ⅳ . ① K242.03

中国版本图书馆 CIP 数据核字 (2012) 第 304233 号

出 版 人：刘志松
总 策 划：李　默
责任编辑：张晶晶　　梁诗淇
装帧设计：史冬梅
责任校对：李瑞苑
责任技编：冼志良

大唐文化的奇葩
DA TANG WEN HUA DE QI PA

广东旅游出版社出版发行
（广东省广州市荔湾区沙面北街 71 号首、二层）
邮编：510130
电话：020-87347732（总编室）020-87348887（销售热线）
投稿邮箱：2026542779@qq.com
印刷：三河市嵩川印刷有限公司
　　　（河北省廊坊市三河市杨庄镇肖庄子村）
开本：650×920mm　16 开
字数：105 千字
印张：10
版次：2013 年 1 月第 1 版
印次：2024 年 8 月第 3 次印刷
定价：45.80 元

出版者识

　　《话说中华文明》是一部全景式图文并茂记录中国文明历史的大书。出版者穷数年之力，会集各方力量——专家、学者、编辑、学术顾问们，在浩如烟海的历史档案、资料、著作中，探珍问宝，追寻中华文明在悠悠历史长河中的灿烂之光。此书的出版，凝聚了编撰者的心血，学术顾问们的智慧。尤其是李学勤先生，亲自动笔写下了序言，更增加了本书沉甸甸的分量。

　　中华文明的历史充满了辉煌与苦难，成就和挫折。它的历史无处不在，决定着我们中国人今天的思想和感情。当今的中国和中国人是中华文明的历史造就的，是中华文明的历史的延伸，也是它的一个组成部分，中华文明的历史之河奔流到现在。

　　中华文明是人类历史上最伟大的文明之一，是人类文明发展的主要构成。中华文明丰富、深刻、辉煌、博大，在人类文明中的骨干作用和领导作用人所共知。在人类文明的发源时期，中国就是四大古国之一，是地球上文化的策源地之一。在人类文明的早期，中华文明成为文明在东方的支柱，公元前后200年间，人类的汉帝国与罗马帝国这两只铁手攫住了地球。在欧洲进入中世纪的时候，中华文明更成为人类文明最主要的领导，它的文明统治东亚，传遍世界。进入近代，中华文明处于自身的重压和西方的欺凌下，但中国人民的斗争史和奋起精神是人类文明历史中不可缺少的一页。

　　五千年的中华文明为人类贡献出了从思想家孔子到科学技术的四大发明、从唐诗宋词到长城运河的伟大创造，贡献出了从诸子百家到宋明理学，从商周铜器到明清文学的深刻内涵，也贡献出了从五霸七强到三国纷争、从文景之治到十大武功的辉煌历史。中华文明的历史绚烂多彩，在人类文明的历史长河中永放光芒。

　　中华文明也是人类历史上最独特的，没有哪一个文明像中华文明这样持久，这样统一一致。世界上其他文明不但互相交错，其创造者也都与高加索体质的人种有关，它们是姐妹文明。在人类历史中，只有中华文明才是独特的，它的创造者是中国土地上的中国人民，与其他任何地方的人民都没有关系，它的文化是统一一致的文化，可以不依赖于其他任何文明而生存，但中华文明也绝不是封闭的，它接受他人的文化，也承担自己对于人类的责任。

　　人类进入新世纪，中国的社会经济发展令世人瞩目。人们对于世界未来的政治和经济结构的估计无不以东亚和太平洋为中心，而尤以中国为重点。

　　经济起飞只是当代中国的一个方面，中国的精神文明的建设尤为刻不容缓。如果中国要自觉地发展中华文明，要有意识地使中国的发展具有世界意义，就必须发展强有力的精神文化，这样才能使中华文明的发展进入一个新的阶段，才能形成中国和中华文明的全面现代化。

而中国的精神文化的发展植根于中华文明的伟大传统之中。进入近代之后，在西方文化的冲击下，对于中国文化的价值产生大量的情绪化和激烈冲突的论调。"五四"运动打倒孔家店的口号具有冲破封建束缚的时代意义，对中国文化的发展有不容否认的正面意义，与文化虚无主义是完全不同的。文化虚无主义者否定中国传统文化，在现代化的旗帜下主张全盘西化；而复古主义则沉迷于中国文化的古董，走进反进步、反科学的泥潭。

历史的发展则超越了所有这些论点，产生这些论调的一百多年来的中国近代史已经结束。历史要求中国发展，要求中国走在全世界发展的前列。西化论和复古论都已过时，历史已经要求世界超越西方，中国可以承担起世界的命运，而中国的现实和世界的历史都说明，中国的使命在于它的发展前进，而非倒退。

中华文明走出迷惘的时代，我们这一代处在一个伟大而具有挑战的历史阶段。

总结历史、展望未来，这就是《话说中华文明》的意义和使命。我们创作《话说中华文明》，力求总结和回顾中华文明的全貌，在内容和形式上都开创一个新的局面。在内容结构上，既具有一定的深度，又具有相当的广博性，既有严谨、准确的学术价值，又有活泼、流畅的可读性。我们在本丛书内容纳了中华文明的各个方面，使它综合了大规模学术著作的系统性、严密性和普及读物的全面性、简易性，它既可作为大型工具书检索中华文明的各个成分，又可作为通俗的读物进行浏览。

我们从上世纪90年代初起就开始思考中华文明的历史和现实问题，并逐渐形成了编著《话说中华文明》的设想。在开展这项庞大的文化工程之始，我们就聘请了国内权威学者李学勤、罗哲文、俞伟超、曾宪通、彭卿云诸先生担任学术顾问，他们对计划作了充分讨论，并审阅了大量初稿。我们聘请了广州、香港地区的社会科学学者、大学教师、研究生以及我社编辑人员几十人担任稿件的撰写工作。

通过创作这部书，我们深深地感受到了中华文明的博大精深，也感受到了它的内在缺陷。中华文明具有辉煌的时期，也有苦难的年代，有它灿烂的成就，也有其不足的方面。中华文明在自身中能够吸取充分的经验和教训，就能够使自身健康壮大，成长发展。

通过创作这部书，我们也深深感受到了出版事业的使命和重任。我们希望这部书能受到广大读者的喜爱，起到它所应当起的作用。为中华文明的反省、前进和奋起作一点贡献。

目　录

大唐文化的奇葩

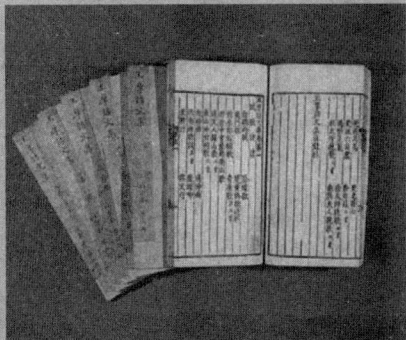

大唐文化的奇葩

唐朝

唐朝

681A.D. 唐永隆二年　开耀元年

突厥阿史那伏念自立为可汗，遣裴行俭击之，与伏念结盟而还。裴行俭击降伏念，俘温傅，尽平突厥残部。

682A.D. 唐开耀二年　永淳元年

是岁，突厥据黑沙城起事，扰并州，杀岚州刺史；薛仁贵大破之。医学家孙思邈去世。

683A.D. 唐永淳二年　弘道元年

高宗死，太子显嗣，是为中宗，遗诏大事取决武后。

685A.D. 唐垂拱元年

以僧怀义为白马寺主，怀义幸于武后，纵横犯法，人莫敢言。

689A.D. 唐永昌元年　载初元年

闰九月，周兴等罗织故相魏玄同，赐死，内外大臣坐死及流贬者甚多。武后自名曌，改诏曰制，周兴嗣奏除唐亲属籍。

692A.D. 周天授三年　如意元年　长寿元年

一月，武后引见举人，悉加擢用，由试凤阁舍人至试校书郎有差；试官自此始。二月，吐蕃党项万余人来降，分置十州。

693A.D. 周长寿二年

正月，令宰相撰时政记，月送史馆；时政记自此始。九月，武后加尊号曰金轮圣神皇帝。

698A.D. 周圣历元年

九月，立卢陵王为皇太子，更名显，命为元帅击突厥，狄仁杰副之。

701A.D. 周大足元年长安元年

十一月，以郭元振为凉州都督。元振到州，筑要垒，开屯田，在边十年，军粮充足，牛羊被野。

706A.D. 唐神龙二年

闰正月，太平等七公主皆开府，置官属。五月，钦州蛮杀韦后兄弟四人，命广州都督杀之殆尽。武三思诬张柬之等谋反，流放，张柬之等死。

716A.D. 唐开元四年

吐蕃请和，许之。十月，突厥跌跌等部降者多遁归毗伽可汗，发兵追之，斩获三千级。画家李思训去世。

717A.D. 唐开元五年

七月，陇右节度使郭知运大破吐蕃于九曲。访求逸书，编校于乾元殿。公孙大娘作剑器舞。

732A.D.唐开元二十年

正月，遣信安王祎等击奚、契丹，三月，祎等大破之，契丹可突干远遁。九月，张说等上新修开元礼。

733A.D.唐开元二十一年

二月，允金城公主请，立唐蕃界碑于赤岭。时有官一万七千六百八十员，吏五万七千四百十六员。

749A.D.唐天宝八载

闰六月，陇右节度使攻拔吐蕃石堡城，获四百人，唐士卒死者数万，以城为神武军。

754A.D.唐天宝十三载

鉴真东渡成功。

755A.D.唐天宝十四载

十一月，安禄山反于范阳，以讨杨国忠为名，河北郡县多望风迎降。十二月陷东京。

770A.D.唐大历五年

二月，诛鱼朝恩。是岁，大诗人杜甫死。诗人岑参去世。

778A.D.唐大历十三年

正月，回纥扰太原，节度兵迎击大败，死万余人，回纥大掠，二月，代州兵破走之。

779A.D.唐大历十四年

三月，淮西将李希烈等逐节度使李忠臣，希烈为留后。罢梨园使及乐工三百余人。以郭子仪领职多，分其权，尊为尚父。七月，以回纥留京者及千，多效华装，开肆牟利；因禁回纥不得效华人服饰。

780A.D.唐德宗李适建中元年

正月，用宰相杨炎议，约丁产定等，作两税法。前宰相刘晏理财有盛名，为杨炎所谮，贬忠州刺史，又诬以欲反，杀之。画家韩干去世。

787A.D.唐贞元三年

正月，淮西兵防秋京西者遁归，李泌等计截斩之殆尽。用李泌策，和回纥、南诏以抗吐蕃；以咸安公主妻回纥可汗，可汗上书称儿、称臣。

790A.D.唐贞元六年

北庭陷于吐蕃，回鹘兵败，节度使杨袭古奔西州，沙陀首领朱邪尽忠降于吐蕃，由是安西遂绝音问。

792A.D.唐贞元八年

王武俊兵图夺平卢之三汊城，李师古遣将拒之，遣人谕止。左神策监军窦文场谮统将柏良器去之，自是宦官始专军政。诗人韦应物去世。

799A.D.唐贞元十五年

二月，宣武军节度使董晋死，军乱。十一月，山南东道等处兵屡破吴少诚。十二月，六州党项奔河西。吐蕃击南诏，无功而还。

800A.D.唐贞元十六年

十月，韩全义屡败，会吴少诚谢罪，乃罢兵，复少诚官爵。吐蕃大将马定德率部落来降。

806A.D.唐宪宗李纯元和元年

正月，顺宗死。九月，高崇文入成都，擒刘阐，送京师，杀之。

808A.D. 唐元和三年

三月，回鹘腾里可汗死。四月，策试贤良方正直言极谏科举人，牛僧孺、皇甫湜、李宗闵等指陈时政阙失，直言无隐；宰相李吉甫恶之，泣诉于帝，为之贬试官，僧孺等亦久不得调。于是遂种后日牛李党争之因。

815A.D. 唐元和十年

正月，发十六道兵讨吴元济，数月，互有胜负。师道暗助元济，遣人焚各路军储；六月，又使人刺杀宰相武元衡。

816A.D. 唐元和十一年

正月，发六道兵讨王承宗。诗人李贺死。

819A.D. 唐元和十四年

二月，李师道部将刘悟杀师道，事平。是岁，吐蕃、党项围盐州急，灵武牙将史奉敬率兵袭吐蕃后，大破之，围解。是年文学家柳宗元死。

821A.D. 唐穆宗李恒长庆元年

翰林学士李德裕恶中书舍人李宗闵讥其父吉甫，借贡举事与元稹等倾之，自此是朋党相轧垂四十年。

824A.D. 唐长庆四年

穆宗死，太子即位，是为敬宗。四月，卜者苏玄明与染坊人张韶结染工数百人入宫作乱。著名文学家、"古文运动"之倡导者韩愈死。

829A.D. 唐大和三年

征李德裕入朝，将大用，会李宗闵以宦官之助拜相，出德裕为义成节度使。杂剧已经出现。

831A.D. 唐大和五年

三月，帝与宰相宋申锡谋诛宦官，京兆尹王璠泄其事。宦官王守澄等诬奏申锡谋立漳王，降漳王为巢县公。

838A.D. 唐开成三年

正月，宦官仇士良使人刺宰相李石未中，李石惧请辞，出为荆南节度使。是岁，吐蕃赞普彝泰死，弟达磨立，荒淫无道，吐蕃遂衰。

841A.D. 唐武宗会昌元年

十月，以仲武为留后，逾二月命为节度使。李德裕恶山南东道节度使牛僧孺，罢为太子太师。十一月，黠戛斯自谓李陵之后，与唐同姓，破回鹘时得太和公主，遣使送归。

华严宗五祖宗密去世。

846A.D. 唐会昌六年

三月，帝病亟，宦官拥宪宗子光王怡为皇太叔，更名忱。帝死，太叔即位，是为宣宗。四月，宰相李德裕罢，渐逐其党。著名诗人白居易去世。

848A.D. 唐大中二年

自是回鹘散。九月，贬李德裕为崖州司户，至是德裕已四贬。

870A.D. 唐大中十四年　懿宗李漼咸通元年

正月，裘甫败浙东台州兵，陷剡县。著名书法家柳公权死。

870A.D. 唐咸通十一年

四月，庞勋余部攻钞于兖、郓、青、齐之间，遣使招谕之。

895A.D. 唐乾宁二年

六月，李克用以讨李茂贞等为名，大举进兵，长安大乱，七月，帝出奔南山。

901A.D. 唐光化四年　天元夏年

正月，帝复辟，杀刘季述等，废太子为陈王。封朱全忠东平王。三月，朱全忠大举攻李克用，连下数州，逼晋阳。宰相崔胤谋诛宦官，雪甘露之变王涯等十七家冤。七月，崔胤密召朱全忠入长安。十月，朱全忠大发兵西向，表请幸东都。十一月，长安大乱宦官韩全诲等劫帝奔凤翔李茂贞。

903A.D. 唐天复三年

李茂贞杀韩全诲等二十余人以和于朱全忠。全忠拥帝还长安，大杀宦官。八月，封王建为蜀王，王建攻下夔、忠、万、施四州。

905A.D. 唐天祐二年

二月，朱全忠杀昭宗九子。五月，全忠大贬逐朝士，六月，皆杀之于白马驿，投于河。以朱全忠为相国，进封魏王，加九锡，以宣武等二十道为魏国，全忠不受。

687A.D.

法兰克王国奥斯达拉西亚宫相丕平兼为纽斯特里亚宫相，统一法兰克王国之权力。

712A.D.

北非总督穆隆亲率阿拉伯人与柏柏尔人之混合军队一万八千人渡海入西班牙。

713A.D.

西班牙半岛上对阿拉伯人有组织之抵抗中止，西哥特王国亡。西班牙自此在阿拉伯人之统治下达七百八十一年之久。

732A.D.

阿拉伯将军拉曼帅师踰比利牛斯山，与法兰克宫相查理·马特尔军大战于都尔城近郊，阿拉伯人战败，自此未再北进。

734A.D.

法兰克王国采邑制开始。

745A.D.

阿拉伯卡里吉特派又起兵于伊拉克与阿拉伯，旋占领麦加、麦地那等重要城市。什叶派不久亦与卡里吉特派合流，声势大振。

750A.D.

阿拉伯倭玛亚朝亡。阿拉伯科学文化进入全盛时代。

754A.D.

阿拉伯哈里发阿拔斯·阿尔·沙发死，弟阿尔·曼苏尔(754~775)嗣位。阿尔·曼苏尔实是阿拔斯朝之真正建立者。

762A.D.

阿拉伯哈里发命在巴格达修建宫殿，以为国都，四年而成。巴格达不久成为具有世界意义之都市，宫殿壮丽，市廛殷富。

778A.D.

查理曼自西班牙返，其殿军越过比里牛斯山时，在隆斯佛（或伦西瓦列士）为巴斯克人所袭击，全军覆灭，主将布累同伯爵罗兰死难，法国史诗"罗兰之歌"即咏此事。

790A.D.

阿拉伯在哈伦·阿尔·拉什德之统治下，阿拉伯帝国之文艺与学术皆达到黄金时代。

805A.D.

日僧最澄自唐传回天台宗。

821A.D.

拜占廷帝国安那托利亚将领托马斯（即督马，斯拉夫人）倡乱，各地不堪压迫之人民群起攻之。

827A.D.

诺森布里亚承认威塞克斯王埃格伯特为最高权力。自此埃格伯特为泰晤斯河以南英格兰之王。

833A.D.

穆达西木履位，军官由突厥充之，自此国家大权逐渐落于突厥军人掌握，哈里发成为傀儡。

846A.D.

阿拉伯人溯台伯河而上，进攻罗马。

852A.D.

法兰克帝国封建等级制在此时开始形成。

860A.D.

俄罗斯人（瓦利基亚人）第一次出现于君士坦丁堡。

867A.D.

拜占廷帝国巴细尔又使人杀迈克尔，自任皇帝，由此开始所谓马其顿王朝（巴细尔为亚美尼亚人，生于马其顿）。

898A.D.

对圣徒及圣徒遗物之崇拜，约自此时大盛。

孙过庭写《书谱》

唐垂拱三年（687），孙过庭撰成《书谱》。

孙过庭（646～691），字虔礼，陈留（今河南省开封市，自署为吴郡，故或作浙江富阳）人。曾官卫胄参军、率府录事参军。博学文雅，擅长文辞。陈子昂所作墓志铭谓其才华并茂，胸有大志。但其生平不甚得志。孙过庭工楷、行、草3种书体，尤以草书见长。宋米芾认为其草书深得王羲之、王献之的真传。笔势劲坚，摹写得惟妙惟肖，几能乱真，对后世影响甚大。但亦存在着落笔过于急速、千纸一类、一字万同、拙于变化的不足之处。传有《千字文》为其所作。

《书谱》是一部书、文并茂的书法理论著作。其墨迹可为孙过庭书法之代表作。《书谱序》又名《运笔论》，从宋人题鉴可知，它只是一篇序文。

内容分为溯源流、辨书体、评名迹、述笔法、诫学者和伤知音6个部分。阐述正、草二体书法，文思缜密，言简意赅，见解精辟。书中很多论点，如学书三阶段说、创作中的五乖五合说等，迄今为学书者所乐道。

孙过庭著《书谱》，在中国古代书法理论史上占有重要地位。如书中

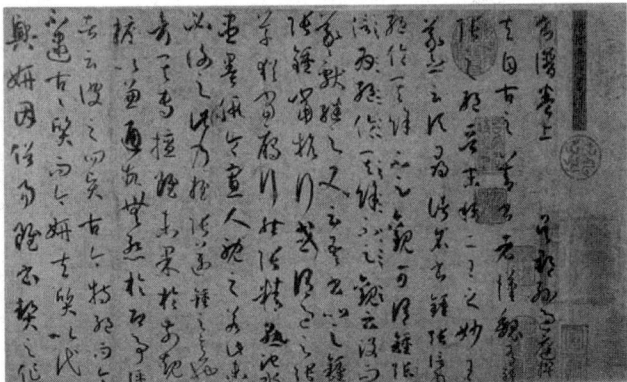

孙过庭《书谱》。《书谱》是唐代著名书法理论著作，非但议论精辟，而且通篇以草书书写，笔法流动，二王以后自成大宗。

的学书法三阶段、创作中的五乖五合等，直到现在仍被学者所推崇。

李思训画山水

大唐文化的奇葩

李思训（651~718）字建，是唐朝宗室，擅长山水画。历武后、中宗，至玄宗李隆基时，官至左武卫大将军之职，所以也称大李将军。《唐书·李叔良传》记述："思训尤善丹青，迄今绘事者推李将军山水。"《历代名画记》也称他"早以艺称于当时，一家五人，并善丹青。世咸重之，书画称一时之妙"。"思训子昭道，……变父之势，妙又过之。官至太子中舍。创海图之妙。世上言山水者，称大李将军、小李将军。昭道虽不至将军，俗因其父呼之。"李思训、李昭道父子继承展子虔、郑法士"细密精致而臻丽"的风格，使青绿山水趋于成熟。他们已能比较真实地描绘山川景色，并能通过致密的刻画，构拟动人的意境。唐代诗人牟融在《题李思训山水》诗中记述思训所画山水景色说："卜筑藏修地自偏，尊前诗酒集群贤。

传李思训作《江帆楼阁图》

丰岩松暝时藏鹤，一枕秋声夜听泉。风月漫劳酬逸兴，渔樵随处度流年。南州人物依然在，山水幽居胜辋川。"使诗人触景生情的是画中所呈现的景物。松林、清泉、渔樵、幽居所构成的平远山川，表达了当时士大夫所追求的意趣。

台北故宫博物院收藏的《江帆楼阁图》，传为李思训所作，图中江流空

阔浩渺，风帆飘举。画以细笔描绘山石外廓，长线勾勒峰峦结构，略作皴斫，布以青绿重色。与展子虔《游春图》相比，另有一种雄浑淼远的气势。传为李昭道的《明皇幸蜀图》（台北故宫博物院藏），画面奇峰突兀，白云缭绕，山石勾勒无皴，青绿设色。虽为宋人传摹，与李氏画风相近。

陈子昂扭转唐代诗风

唐初四五十年间，诗歌创作囿于宫廷，风格绮靡华丽，追求形式技巧。陈子昂为改变这种诗坛风气，高倡建安风骨，为引导唐诗朝着正确方向发展作出重要贡献。陈子昂（661~702）字伯玉，梓州射洪（今属四川）人。他出身富有，好施任侠，为人豪爽。18岁闭门读书，24岁中进士，曾得武则天赏识，

西域边塞风光

他多次上书改良政治，但一生仕途不畅，屡遭降职处分，42岁时被诬陷入狱，死于狱中。

与他敢于针砭时弊的政治态度相适应，陈子昂对当时文坛上风骨不振、兴寄都绝的宫廷诗风也深为不满。在《修竹篇序》中，他明确提出了自己的诗歌革新主张"不图正始之音，复睹于兹，可使建安作者，相视而笑"，要求诗歌继承《诗经》"风、雅"优良传统，以比兴寄托手法寄寓政治社会内容，恢复建安、黄初时期的风骨，明确表达思想感情，形成爽朗刚健的风格，扫除六朝绮靡诗风。

陈子昂在他的诗歌创作中具体实践了他的文学主张，他有意摒弃华丽辞

藻和对偶形式，运用朴质无华的古诗体，托物寄兴，表达自己的理想抱负和失意情怀，反映政治生活的弊端和人民的苦。他的代表作是《感遇诗》38首、《蓟丘览古》7首和《登幽州台歌》。

《感遇诗》并非一时一地之作，而是在长期的生活经历中写下自己的种种感受和体会，风格类似阮籍的《咏怀》。他在诗中或抒发理想，或讽刺时政，或哀叹民生艰难，或寄寓哲理。如第二首："兰若生春夏，芊蔚何青青。幽独空林色，朱蕤冒紫茎。迟迟白日晚，袅袅秋风生。岁华尽摇落，芳意竟何成！"喟叹自己虽怀美质，才华横溢，而骨鲠道穷，不得已中道隐退。在一些涉及国事的篇章中，诗人一再表现出安人的政治理想，如第十九首（圣人不利己）、第二十九首（丁亥岁云暮）、第十二首（呦呦南山鹿）等都指斥统治者对劳动人民的残酷压迫，造成人民人人自危，无法安生。这种针砭时弊、体恤民情的创作精神，对后世产生了重要影响。

《登幽州台歌》是陈子昂跟随武攸宜东征契丹时作，诗歌怀古伤今，抒发了怀才不遇的强烈感慨，"前不见古人，后不见来者，念天地之悠悠，独怆然而涕下"。这种俯仰一世的孤高抱负和沉郁压抑的失意感不仅是个人受到不公正待遇的牢骚，而且代表了初盛唐一代有远大理想的知识分子渴望为时代作出贡献的心声，代表了一种积极进取、放眼宇宙的崇高孤独感。

陈子昂上承建安，下启盛唐，对转变唐代诗风、引导唐诗走上健康向上的发展方向作出了巨大贡献。以后的一些优秀诗人多受其影响，对他推崇备至。杜甫盛赞他"公生扬马后，名与日月悬"，韩愈肯定他"国朝盛文章，子昂始高蹈"。

杨炯主张改革诗风

杨炯（650 ~ ?），华阴（今属陕西）人，唐代诗人，与王勃、卢照邻、骆宾王并称"初唐四杰"。显庆四年（659）被举荐为神童。上元三年（676）参加制举及第，后补授校书郎，提升为詹事司直。垂拱元年（685）因徐敬业武装讨伐武则天事件的株连，贬出詹事府，远充梓州司法参军。天授元年（690）在洛阳宫中习艺馆任教，如意元年（692）改任盈川令，并以吏治严酷而闻名，故世称杨盈川。

杨炯有些官场送别酬和的诗大都形式华美，内容空泛，未尽脱绮艳之风。但其边塞征战诗则甚为著名，《从军行》中的"烽火照西京，心中自不平""宁为百夫长，胜作一书生"等充满爱国激情的诗句，一扫宫廷诗矫揉造作的情态，给人一种气势磅礴的感觉。《出塞》《战城南》《紫骝马》也都表现了为国立功的精神，风格豪放。他另存有赋、序、表、碑、铭、志、状等50篇。其中最著名的是《王勃集序》。

《王勃集序》介绍了王勃的生平事迹和评价王勃改革当时的淫靡文风的创作实践，描述了以"四杰"为代表的革新派和宫廷诗派斗争的过程，提出改革文风的理论主张，成为初唐文坛上革新派向宫廷斗争的宣战书。文章首先评价了唐以前的作家及文学状况，提出了他的文学主张以复古为号召，扫荡绮艳的文风，突出王勃改革文风的功绩。其次是赞赏王勃的才华及其仕途行踪。"时师百年之学，旬日兼之，昔人千载之机，立谈可见"。就用激情的笔调渲染了王勃的天赋才气。再次描述了以王勃为首的革新派与宫廷派的大论战。当时的文风"骨气都尽，刚健不闻"，经过决战，"积年绮碎，一朝清廓，翰苑豁如，词林增峻"。文坛"四杰"们取得了胜利。最后评价王勃的学术成就。

杨炯的作品具有复杂性，既带有宫廷诗的烙印，又与之抗衡，从中可以看出他由宫廷诗走向革新文风的道路。《王勃集序》以高昂的战斗激情、捭阖自如的文笔，成为千古传诵的名文。

歌舞戏流行于教坊

歌舞戏，出于散乐。唐代《教坊记》《乐府杂录》《通典》(杜佑)《刘宾客嘉话录》(韦绚)均有记载。《旧唐书·音乐志》所记与《通典》文字相近，称歌舞戏，有"大面""拨头""踏摇娘"等戏。大面，或称代面，属北齐时创作的歌舞戏，在魏晋南北朝卷中已记述。又谓《兰陵王人阵曲》，唐代宫廷演出中又被改编为"软舞"。

拨头，或称钵头。它实际属于歌舞表演与角抵表演相结合的一种新发展。

话说中华文明

大唐文化的奇葩

唐侍从乐人

至于"拨头"究竟是否如王国维所说"拨头"与"拨豆"为同音异译,证明此戏出自西域拨豆国,则尚有不同见解。唐代,西域仍为经济、文化交流的重要通道,歌舞、角抵、杂技、幻术已早有交流,艺术上的相互影响也是正常的现象。此戏传来,用地名命戏名,也是合乎当时情理的。有关《拨头》的记载,虽然不足以让人详细、完全,但是作为有人物、有冲突、有情节、有固定结局的戏剧表演,有步态戏剧表演,以及有妆扮,有乐曲伴奏,有步态身法的表现手段的运用,无疑具备了以歌舞演故事的特征了。

踏摇娘,或称踏谣娘。各种记载中的产生时间不致,有北齐和后周之说。另有隋末之说。三种说法,相隔也不算太久,可以理解为产生于北齐至隋末这段时期。

歌舞戏,有人物、有冲突、有情节、有结局,是一个比较简单的完整的故事。其表现手段,有唱、有和、有做、有打、有念白、有伴奏、有服饰打扮;已经存在角色行当的雏形了;以歌舞演故事。因此说,唐代已经产生了民间小戏艺术,是可以成立的。

杜审言等定型近体诗

初唐百年间的诗歌,在诗歌风气复古革新的同时,在诗歌体式方面,则完成了从齐梁新体诗过渡到唐代律诗的进程。唐代律诗的成熟,五律在先,七律在后。五律从王绩的《野望》,到王勃、杨炯的大量诗作,已接近成熟。但五律、七律的成熟,是在武后、中宗时的宫廷诗人杜审言、沈佺期、宋之问完成的。

杜审言(？～708),字必简,祖籍襄阳(今湖北襄樊),实为洛州巩县(今属河南)人,是杜甫的祖父,沈佺期(约656～约714)字云卿。相州内黄(今属河南)人。宋之问(约650～712)字延清,汾州(今山西汾阳)人。一说虢州弘农(今河南灵宝)人。三人因依附张易之、张宗昌,于中宗神龙元年(705)同时遭贬,后又陆续召回。由于被贬遭遇,他们的律诗由以往宫廷应制之作而转为抒写凄凉境遇,感伤情绪及边塞之苦、思妇之情,并将较深湛的艺术构思寓于严格的格律之中,笔力雄健。

唐仪卫壁画

杜、沈、宋等人在以沈约、谢朓等为代表的永明体基础上，从原来的讲求四声发展到只辨平仄，从消极的"回忌声病"发展到悟出积极的平仄规律，又由原来只讲求一句一联的音节、协调发展到全篇平仄的粘对，以及中间二联必须上下属对。如宋之问的《度大庾岭》："度岭方辞国，停轺一望家。魂随南翥鸟，泪尽北枝花。山雨初含霁，江云欲变霞。但令归有日，不敢恨长沙。"沈佺期的《古意》："卢家少妇郁金堂，海燕双栖玳瑁梁，九月寒砧催木叶，十年征戍忆辽阳。白狼河北音书断，丹凤城南秋夜长，谁为含愁独不见，更教明月照流黄。"宋诗为五律，沈诗为七律，格律形式相当完整。沈宋的主要贡献，是以他们的创作实绩，完成了律诗"回忌声病，约句准篇"，最后定型的任务。后人也公认"五律至沈宋始可称律""七言律滥觞沈宋"。

李仙蕙墓壁画已显盛唐气象

李仙蕙墓壁画画像大小与真人相近，形态生动，富有神韵，线描气脉连贯，流畅浑圆，丝毫没有板滞之感，已显示盛唐气象。

墓主李仙蕙即永泰公主，唐中宗李显之女，字秾辉，嫁武延基为妻，大足元年（701），17岁时去世。中宗神龙二年（706），与其夫合葬于乾陵。

永泰公主墓女侍壁画。画面构图生动，线条劲健流畅，服饰略施晕染，宫女性格鲜明，是唐墓壁画中的精品。

墓址位于今陕西省乾县北原。

　　该墓葬分墓道、天井、过洞、甬道、墓室5个部分，全长87.5米。壁画分布在墓道、过洞、甬道和墓室。墓道壁画分东、西两壁，内容为武士仪仗队、青龙、白虎、阙楼城墙、山水、树木。其中武士仪仗队分5组，每组6人、6戟架、2匹马、马伕2人，威武雄壮，是墓主生前仪卫的写照。过洞有5个，1、2、3洞绘有宝相花平棋图案；4、5洞绘有云鹤和宝相花平棋图案。甬道分前、后甬道，壁上绘有人物、花草、假山和红珊瑚，顶上绘有平棋图案和云鹤。墓室由前、后墓室组成。前墓室顶部绘有星象图，东壁有侍女图2幅；南侧有侍女9人，手持玉盘、方盒、烛台、扇、高足杯、拂尘、包裹等，表现了墓主生前的奢华生活；北侧绘有手持小盒、烛台等物之侍女7人；北壁东、

唐女侍壁画

唐女侍壁画

西侧各有侍女2人；西壁有侍女9人。后墓室绘有男侍和女侍，顶部为星象图。此墓壁画的精妙之作为侍女图。她们虽有队列，但却高低错落，疏密有致，左顾右盼；微笑者有之，沉思者有之，把一群聪明活泼、天真烂漫、美丽可爱的少女描绘得栩栩如生、呼之欲出。

李仙蕙墓壁画为陕西唐墓壁画精品，接近盛唐绘画风貌，在中国古代壁画史上占有重要地位。

张若虚作《春江花月夜》

在初、盛唐诗风转换之际，曾出现过两位情况比较特殊的诗人，即刘希夷和张若虚，他们以创作少而水平高闻名于世，其中张若虚所作《春江花月夜》被誉为以孤篇压倒全唐的脍炙人口的传世佳作。

张若虚，生卒年不详，扬州（今江苏扬州）人，曾任兖州兵曹，与贺知章、贺朝、万齐融、邢巨、包融等以文词俊秀而驰名京都长安，是当时"吴中四士"之一。

《春江花月夜》是张若虚保存于《全唐诗》中二首诗中的一首，它沿用的是陈隋乐府旧题。相传该题始创于陈后主，隋炀帝也曾用过此题，属宫廷艳曲。张若虚的这首长达36句252字的七言排律中，沿用了六朝乐府旧题和原有的游子思妇传统题材，匠心独运地将动人的离情别绪与富有哲理意味的人生感慨结合起来，感情真挚而韵味绵长深邃。

这首诗以"春江花月夜"五个字为中心，从对春江上的花、月、夜的景物描写展开，又紧扣"月"字，将春江之上流动多姿的月色从不同侧面加以展现，突出了"江天一色无行尘、皎皎空中孤月轮"皎洁的春江月色，随着流动的月光和江水，诗人一步步写到月下高楼和楼中之人，其游子思妇望月怀人之情，惇挚悠永，融宇宙奥秘、人生哲理之探求于其间；超越时空，意蕴深沉，虽是抒情长篇但写景清丽明净，给人以澄澈空明、清丽自然之感，彻底地洗去了宫廷艳曲的浓脂艳粉，其中虽不乏人生无常的感伤，但却蕴含着追求精神，格调不显低沉。全诗语言清新优美，以"月"为生命纽带，将情、景、理三者融合为水乳交融的幽美而邈远的意境。节奏自然平和、韵律宛转悠扬，富有音乐美。

盛唐壁画生动细致

初唐壁画的宏阔磅礴之气势，经过近一百年的发展演化，至唐睿宗景云年间开始过渡到唐朝壁画的第二个时期唐睿宗景云年间——唐玄宗天宝年间（710～756）。这一时期的壁画题材突出表现为日常家居生活占了主导地位，而狩猎出行、仪仗出行的场面则大为减少。有的壁画绘出男侍、女侍，如捧盘的男侍，手持莲花的女侍（见于薛莫墓），捧物女侍（见张去奢墓）等；有的绘有楼阁建筑，如牵马侍者（见于万泉县主薛氏墓）、拱手侍者（见张去奢墓），骑马侍卫等花卉、草石等。

壁画题材的变化与俑群中僮仆俑、园宅假山建筑模型的盛行是一致的，这种现象反映了唐朝庄园经济的迅速发展。当时，长安城郊地主庄园林立，

陕西乾县出土的唐礼宾图壁画

唐男侍壁画

唐女侍壁画。图中女侍挽"两鬓抱面，状若椎髻"的"抛家髻"。这种发髻在盛唐的三彩陶俑中多见，可知当时非常流行。脸庞圆润，眉间颔下轻抹白粉，两颊微施红晕，体态丰盈是一较典型的盛唐妇女形象。

019

唐乐舞壁画。反映的可能是唐代胡腾舞内容。

庄园内花木繁茂，台榭辉映，曲折幽邃，庄园主广陈伎乐，玩赏珍宝声色。壁画题材着重于家居生活，正是这种社会习俗的写照。

苏思勖墓室东壁绘乐舞图。从舞蹈者的脸型、服饰、动作以及乐队所持的乐器看，可能是唐代流行的胡腾舞。胡腾舞源于石国，即今苏联境内塔什干一带，经凉州（今甘肃武威）传入中原。故而唐诗中有不少描绘石国胡儿、凉州胡儿跳胡腾舞的诗篇。此墓画从造型艺术的角度提供胡腾舞的生动形象资料。

盛唐壁画以详细刻画人物为主。画家和画工们通过各种人物，如女侍、内侍、文官、武吏、马伕、驼伕的细腻观察，用简练的线条鲜艳的色彩，栩栩如生地描绘了各种人物形象。盛唐时期高元珪墓的侍女体态，大髻宽衣、丰厚为体，其线条则属于专菜条，表现出"吴带当风"的时代风格。唐代壁画的各种人物，堪称细刻划入微。侍女动作多优美典雅的姿态，而内侍（宦官），则突出其献媚取宠的丑貌。

敷彩做到了因类着色，并注意在吸收融合外来的基础上努力创新。建筑物的柱、枋、斗横，用单线平涂法，另外，服饰用晕染染法；图案花纹则采用叠晕法。这些技巧的运用，使盛唐壁画更加细腻夺目，同时，又使壁画在经历了漫长的风化、水浸以后，迄今仍保持鲜艳的色彩。

唐代石刻佛像兴盛

唐代为中国封建社会发展的顶峰时期，经济空前繁荣，社会相对稳定，文化昌盛，中外交流十分频繁。在统治者的提倡和鼓励下，佛教又有了新的发展，教派众多，寺院林立。石刻佛像也因此而兴盛发达，取得了空前成就。

石刻佛像自北魏以来风靡一时，隋代造像则具有承上启下的过渡特点。在艺术上一方面因袭了前代造像的风格：头大，衣袖长阔，线条呆板，方正肥重；另一方面已开始注意人体造型，力图摆脱传统线的结构，向立体、写实方向发展。唐代的石刻佛像，正是在隋的基础上，进一步发展、创新而来，大致可分为初唐、武后、玄宗三个时期。

初唐石刻佛像具有体态轮廓多呈椭圆形、造型严整平实、头大身直的特点，面部多丰颊方颐，接近中国人的实际造型；衣褶线条随着身体曲线的起伏而延伸，显得舒展流畅，说明已十分注意人的自然形体。在雕刻技法上，既继承了前代用直刀平法表现细部纹饰的传统，又创新发展了向下凹入

唐观音菩萨坐像

021

唐菩萨头像

的圆刀法和中凹边高的技法，更富真实感。

武则天在位期间，大力提倡建寺造佛，石刻佛像精品多有出现。较著名的有山西博物馆藏久视元年（700）弥勒坐像、龙景年间（707~710）大云寺涅槃变造像（此像高逾2米，正面及背面上部雕有涅槃、焚棺、树塔等多幅故事画）、西安宝庆寺长安三年（703）和四年的高浮雕像、成都万佛寺的力士像和观音坐像等。此时期的石刻佛像，在题材上得到扩充，雕刻家不仅塑造阿弥陀佛，观世音菩萨及众多的菩萨像，也把现实俗世生活中的形象和内容反映到作品中。这时期的佛像神秘压抑的气氛减少，面容亲切动人，身体丰腴圆满，笔意壮阔；姿态亦多由正面直立改为细腰斜倚，楚楚动人，正所谓"菩萨若宫娃"，南北交融的风格非常明显。在雕刻技法上，不再有固定的程式，各部分刀法各不相同，更切近写实。雕刻们善于用圆浑突起的圆刀线条来表现作品的细部，做到在细微处见功夫，着力避免表现对象的动作与表情的雷同。这时期的佛像雕刻一扫印度佛教艺术的与世隔疏和前代佛像雕刻的庄严肃穆，反映了唐代中国人的气质和审美眼光。

玄宗时期为石刻佛像创作的艺术顶峰，出现了有"塑圣"之称的杨惠之等一批大雕塑家。现存此时期有名的佳作有：西安宝庆寺塔开元十二年（724）

唐涅槃变造像碑

的十一面观世音像、邯郸肥乡县天宝元年（742）玉石菩萨像、五台山佛光寺的汉白玉雕像等。这一时期的造像以细腻真实为追求对象，有强烈的世俗意味。唐时社会以丰腴为美，受此影响，佛像圆润丰满，宽妆高髻；菩萨身躯弯曲扭转，富有端庄柔丽的女性美；天王力士高鼻深目，满颊须髯，孔武有力；飞天头梳时式女髻长裙曳地，飘带飞扬。在技法上，圆刀刻划已炉火纯青，表现对象生动劲健富于质感；而且将性格和形体动作巧妙地结合起来，使得刻像在造型和心理描写方面完美统一，意境高远，充分体现了盛唐气象。

唐设教坊职司歌舞百戏

开元二年（714）正月，唐玄宗李隆基开设教坊，职司歌唱、舞蹈、百戏之教习，演出不再隶属太常。

唐高祖在位时，在禁宫中设置教坊，其所有官吏均属太常管辖，专门对雅乐以外的音乐、歌唱、舞蹈、百戏的教习、排练和演出等事务进行管理。李隆基通晓音律，认为太常掌管着祭祀礼乐，不宜再管理倡、优、杂、伎等事务。于是，唐玄宗李隆基于开元二年（714）正月变更旧体制，设置左右教坊在宫内教授俗乐，同时任命右骁卫将军范及为教坊使，不再隶属太常。然后，又在皇宫内设置梨园，选了几百名乐工，令他们互相其切磋乐艺，研习歌舞，称之谓"皇帝梨园弟子"；另外还选伎女安置于宜春院，让她们习练歌舞以随时侍奉皇帝。

唐巾舞壁画。巾舞相传汉代已在宴享中兴起，魏晋时期继续流行，《隋书·音乐志》将鞞舞、巾舞、拂舞、铎舞合称为四舞。这幅壁画是研究唐代舞蹈史的珍贵资料。

当时的礼部侍郎张廷珪、酸枣尉袁楚客等都向皇帝玄宗上奏，认为皇上正是年富力强的好时候，应当推崇管理国家大计的研习，多多接近贤能之士，广开言路，提倡朴素的生活，千万不能沉迷于歌舞享乐、游玩狩猎之中。玄宗听了很不高兴，但转念一想自己即位不久，朝纲未定，需要博得一个善纳明谏的好名声，便抚慰了张廷珪、袁楚客一番，说他二人都是忠贤之士、国家栋梁等等。但对设教坊一事却含含糊糊，谓左右而言他，张、袁二人无奈，只能唯喏退下。

雕版印刷业兴起

唐代是我国雕版印刷的始兴时期。唐代雕版印刷具有很高艺术水平，发现于敦煌而藏于伦敦的《金刚经》，卷首有释迦牟尼说法的扉画，妙相庄严，刻镂精美，是一幅成熟的作品，是印刷史上的冠冕。

我国古代雕版印刷大约兴起于唐代早期，而唐中晚期时，雕版印刷则在全国渐渐推广，世界上现今最早的印刷品是于1974年西安柴油机厂出土初唐印刷的陀罗尼经咒，今存唐代中晚期印刷品分别有三批、五种，大多是经咒和古代经卷，大多字迹清晰，印文流畅。7世纪唐贞观年间，雕版印刷开始出现。当时，唐太宗皇后长孙氏去世后，宫中撰写《女则》十篇，太宗看后大为赞叹，认为应该以此书垂戒后世，"令梓行之"，要求将这部《女则》雕版印行，古代雕版印刷用样木，所以称刻板为"刻梓"或"梓行"。唐代玄奘法师自贞观十九年（645）西游印度回国到麟德元年（664）圆寂期间，散发纸印的普贤菩萨像，每年多达五驮的数量。

唐代贞观之治，科举主要以诗赋取士，诗人辈出，唐诗成为我国诗歌史上的顶峰；散文、书画也达到很高水平，雕版印刷逐渐发展起来。唐代刻书地点，今天可以考证的就有京城长安、东都洛阳、越州、扬州、江东、江西，尤其是益州成都最为发达。《女则》和玄奘印施的佛像都是京师印刷的。八世纪长安出现了书坊，长安东市有印书的李家、大刁家。咸通（860~874）年间印刷的《陀罗尼神咒经》出土于长安市西郊晚唐墓，是国内现存最古的唐印本。越州、扬州有"缮写模勒"白居易、元稹诗作的，"模勒"就是刊刻元、白二人的诗作，当时在京城内外广为传诵，儿童识字念书都读他们的诗，鸡林（今朝鲜）宰相愿以百金换一篇，雕版印刷对他们作品的普及流传起了极

唐《梵文陀罗尼经咒图》。唐至德二年至大中四年(757～850)刊行,为我国现存最早古版画之一。

大的作用。扬州还有私印历书。江东私卖历书,由于所印月份不同引起诉讼。益州有印书铺,出版过许多书籍,其中多为阴阳杂证、占梦相宅、九宫五纬之书,还有字书等。唐末的印书铺,有西川过家、成都府成都县龙池坊卞家,剑南西川成都府樊赏家,除印书籍、经咒、佛像外,还印有纸牌、报纸、印纸等。

　　雕版印刷最初是在民间流行,至五代后唐明宗长兴三年（932）,官府开始采用雕版印刷,自此,政府刊刻书籍日渐增多,政府命国子监主持书籍刊刻工作,书版也藏于国子监,称为"监本"。

唐三彩艺术达到高峰

唐代，陶瓷艺术领域出现了一个崭新的品种——唐三彩。唐三彩是唐代烧制的一种低温铅釉陶器，有多种颜色，以黄、绿、白三色最为常见，因此称为唐三彩。

唐代政权巩固，国势兴旺，作为上层建筑的文学艺术，如诗、文、绘画、雕塑等都反映了盛唐气概。而陶瓷艺术中的唐三彩以其绚烂多彩的颜色、富丽堂皇的视觉效果充分体现了盛唐艺术的风格。

低温彩陶器在我国最先是用来做死人陪葬的，唐代统治者生前极

唐三彩釉陶骆驼载乐俑

尽奢侈浮华之能事，死后也讲究厚葬，唐三彩正是为了适应这股潮流而产量激增。后来被运用到日常生活中，功能多样，造型丰富，成为反映唐代社会生活的百科全书。

唐代陶瓷艺人对多种金属氧化物的呈色原理有了进一步认识，在原有的铅釉陶中加入铁、铜、钴、锰等不同金属氧化物，烧制出集黄、赭、绿、白、蓝等色中的一色或诸色于一器的彩陶，这就是唐三彩。由于铅釉极易流动，

唐三彩釉陶骆驼载乐俑

烧制时施釉用量不同，一种色釉也能产生出浓淡长短自然变化的奇妙效果，用多种色釉互相浸润，更是参差变幻，斑驳离奇。唐三彩正是利用釉色的特点，在交相辉映中显示出堂皇富丽的艺术魅力。

唐三彩制品分为器皿和俑两大类。器皿主要用于生活用具，包括瓶、罐、钵、盘、碗、杯、砚、炉、枕等。俑主要用作装饰，有贵妇、侍俑、文官、武士、乐人等人物形象，也有马、骆驼、驴、牛、狮、虎、鸡、鸭、鸳鸯等飞禽走兽。唐代出土的三彩容器，器形饱满浑厚，线条圆润，器身外部色彩斑驳灿烂。

唐三彩中最有吸引力的当属骆驼和马，用马陪葬的更多，这与唐代宫廷对马的特殊爱好有密切关系，宫廷贵族热衷的狩猎活动、帝后出巡、宫廷礼仪、军队远征都与马有关。三彩马体态健美、强壮有力，或站或奔，姿态无不惟妙惟肖，西安唐墓出土的两件骆驼载乐俑，则是三彩骆驼中的代表作，

唐三彩釉陶天王俑

大唐文化的奇葩

唐三彩釉陶镇墓兽群

唐三彩釉陶鞍马

唐三彩女立俑（局部）

唐三彩釉陶女坐俑

唐三彩釉陶女俑

大
唐
文
化
的
奇
葩

唐三彩釉陶女立俑。
此俑塑工极精，面
容丰满，五官准确，
身材比例适中。线
刻衫裙褶襞流丽顺
畅。宁静的神情也
刻划得微妙动人。

唐三彩女坐俑

大唐文化的奇葩

唐三彩釉陶天王像

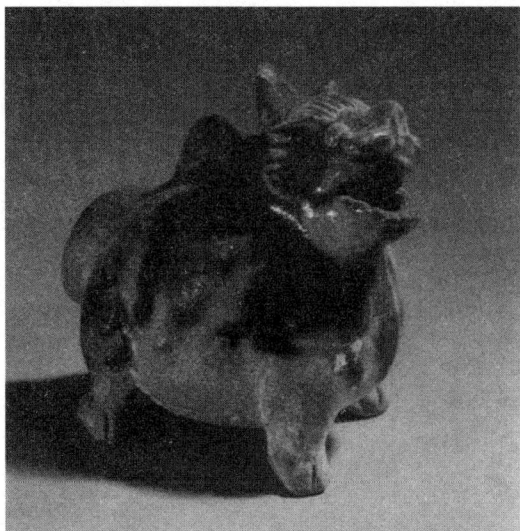

唐三彩釉陶虎

唐三彩釉陶女坐俑

其中一件驼背驮平台，载有六个手持乐器盘腿而坐的乐俑，一女俑立于中央翩翩起舞，七件俑都着汉服。另一件骆驼昂首站立，载四个乐俑，中有一舞俑，五俑中有三俑为深目高鼻的少数民族，乐俑所奏似为胡乐，展现了少数民族艺人的风采。两件三彩骆驼载乐俑体现了唐代统一繁荣的盛世景象。

唐三彩的烧制始于初唐，盛唐时达到顶峰，安史之乱后，随着国力的衰退逐渐走向衰微。从出土情况来看，目前出土多集中于唐代两都西安和洛阳，扬州也有少量出土，但唐三彩窑址只有河南巩县窑一处。

唐三彩对中国乃至东方的陶瓷发展影响很大，中国的辽三彩、宋三彩、明三彩、清三彩以及外国的波斯三彩、伊斯兰三彩、新罗三彩、奈良三彩等，都深受其风格影响。

唐设置丽正书院职司修书、侍讲

开元十一年（723）五月，唐玄宗设置丽正书院，命令张说为修书史，总管书院一切工作。

早在太宗时，唐政府就曾设置学士28人，掌管国家图书书经籍及撰述。开元五年（717）朝廷诏令乾元殿编撰四部书，并为此设置了乾元院使，分掌四库书。六年（718），乾元殿被改为丽正修书院，内设使及检校官，改修书官为丽正殿学士，八年（720）又增设修撰、校理、判正、校勘官。

723年5月，朝廷正式建丽正书院，任命张说为修书史，徐坚为秘书监，贺知章为太常博士，赵冬曦为监察御史，修书侍讲，待遇非常优厚。中书舍人陆坚认为此举无益于国，仅仅是一种奢侈浪费，打算奏请皇帝罢免这一设置。张说批评陆坚的话于理不通，认为自古以来，帝王在国泰民安时无不营宫造殿，沉迷于声色。现在皇上仅仅是请了一些文儒，使之侍讲，修书，发挥圣贤之书的作用，得失匪浅而无受损。玄宗听说后龙颜大悦，更加重视张说等人。

开元十四年（726），唐政府再次将丽正书院更名为集贤殿书院，规定五品以上为学士、六品以下为直学士、宰相1人为学士知院事，常侍1人任副知院事；又设置判院1人，押院中使1人，另外还设侍读直学士的集贤院侍讲学士。丽正书院成为全国的最高学府。

《唐韵》编成

唐代孙愐编撰的《唐韵》是当时订补修正《切韵》的两部重要著作之一。《唐韵》共 5 卷，源出于《切韵》，并对其进行了认真的刊正和增补，对韵书的不断完善起了非常重要的作用。

《唐韵》对《切韵》最大的发展是增加了 11 个韵部：在平声中，从真韵分出谆韵，从寒韵分出桓韵，从歌韵分出戈韵；在上声中，从轸韵分出准韵，从旱韵分出缓韵，从哿韵分出果韵；等等加上《切韵》原有的 193 韵，《唐韵》共分 204 韵，已基本上奠定了后来《广韵》206 韵的规模。

《唐韵》的原书早已佚失，现本《广韵》的卷首保存有孙愐的《唐韵序》。近来以来又陆续地出了一些《唐韵》的残本。1908 年吴县蒋斧在北京发现了成书于唐天宝十年（751）的《唐韵》，所以称为"天宝本"。

《唐韵》在很大程度上扩大了《切韵》的规模，在唐代曾经产生过很大的影响。宋代的许颙曾在《东齐记事》中说："自孙愐集为《唐韵》，诸书皆废。"可见当时《唐韵》曾经占据首要的位置。

李白在蜀游学

李白（701~762），字太白，号青莲居士，绵州昌隆（今四川江油）人。盛唐诗坛的代表人物，中国文学史上继屈原之后又一伟大的浪漫主义诗人。李白诞生于中的碎叶（今苏联托克马克），5 岁时随父迁居四川彰明县的青莲乡。李白的青少年时期都在四川度过，直到开元十四年（726），李白才出蜀远游。

李白幼年所受的教育，除儒家经籍、古代文史名著外，还有诸子百家等；他不仅是一个"十五观奇书，作赋凌相如"的青年作家，还是一个"十五游神仙""十五好剑术"的少年游侠和羽客。传说李白少年时为打抱不平曾"手刃数人"。李白很早就相信道教，喜欢隐居山林，求仙学道，但同时又有建

传为四川江油李白故里洗墨池

功立业的政治抱负。他的这种既追求超脱尘俗做隐士、神仙，又渴望出世谋仕做君主辅弼的追求和信仰矛盾，形成了他以后思想上的复杂性。

20岁后，李白开始在蜀中漫游，曾登峨嵋青城诸名山，留下的《访戴天山道士不遇》和《峨嵋山月歌》等诗篇，是现存李白青少年时期为数不多的诗作中最有代表性的篇章，它们显露着少年李白突出的才华。

李白在蜀的学习和游历，对他豪放性格和诗风的形成有重要影响。

李白和王昌龄的七言绝句和一起被推为唐诗中的神品，它具有语浅情深、韵味淳厚、音节和谐、气势畅达的特点，取得了后世难以企及的艺术成就。其中像《峨嵋山月歌》："峨眉山月半轮秋，影入平羌江水流。乘发清溪向三峡，思君不见下渝州。"如同口语般自然而又极为优美隽永。

张旭善狂草

张旭，唐书法家。字伯高，吴郡（江苏苏州）人。工书，精通楷法，草书最为知名，逸势奇状，连绵回绕，具有新风格。

继二王今草血脉，初唐草书一直处在酝酿蓄积阶段，欧、虞、褚、薛诸家虽以楷书名世，同时也有行草佳作，孙过庭师法二王，所著《书谱》，亲笔草书文稿，笔势坚劲流畅，墨法清润，所谓"千字一类，一字万同"，已表现出唐草新意。活动于开元年间的大书法家张旭在今草基础上发展而为狂草，怪怪奇奇，超出王氏畦畛之外，与张芝、王羲之同为后世草书楷模。诗人杜甫《饮中八仙歌》称"张旭三怀草圣传，脱帽露顶王公前，挥毫落纸如云烟"。传说他作草书从担夫争道、鼓乐吹唱中感悟笔意，"又观公孙大娘舞剑器，然后得其神"，故他的草书融铸心灵慧悟和对自然万物的体验，极富创造性，所谓"变动犹鬼神，不可端倪"。宋宣和内府收有张旭狂草《古诗四帖》五色戋一卷，原著录置为谢灵运名下。明董其昌加以考辨，鉴定于张旭草书真迹，为海内孤

唐张旭《郎官石记序》。为张旭传世的唯一楷书作品。

本，尤为珍贵，今藏辽宁省博物馆。张氏草书还有西安碑林的《肚痛帖》。类似张氏的狂草风格，今在敦煌103窟盛唐维摩诘像壁上发现有狂草书屏，

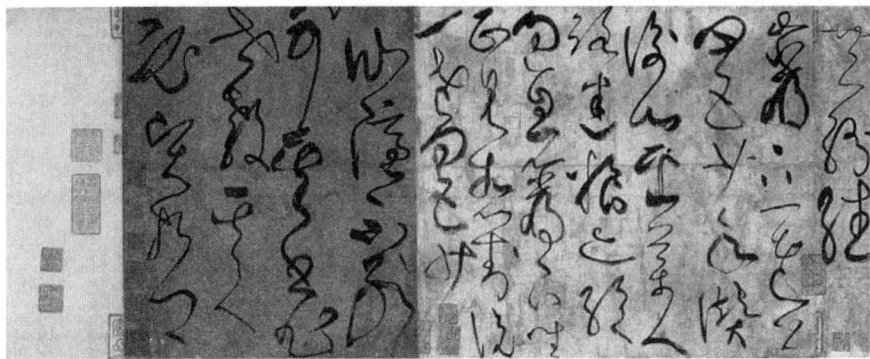

唐张旭《古诗四帖》（部分）。此卷是张旭以五色彩笺草书古诗四首，前两首书写的是梁庾信的《步虚词》，后两首是谢灵运的《王子晋赞》和《岩下一老公和四五少年赞》。此卷书法气势奔放纵逸，笔划连绵不断，且字形化丰富。

可以得知张氏狂草书风在盛唐时期已经相当流行。

张旭以"草圣"名世，兼能楷书。《广川书跋》称他的楷书"备尽楷法，隐约深严，筋脉结密，毫发不失，乃知楷法之严如此。夫守法者至严，则出乎法度者至纵"。上海博物馆藏拓本《郎官石记序》是张旭传世的楷书孤本，原石久佚，全篇楷书疏朗淳雅，凝重舒合，风格近似虞、褚。张氏书法，一人而二面，楷书"至严"，草书"至纵"，似乎不相调合，这其中的道理苏轼给予了形象的阐述，"长史草书，颓然天成……今世称善草书者，或不能真行，此大妄也。真生行，行生草。真如立，行如行，草如走，未有未能行立而能走者也"。苏轼此话出自实践经验，可作张旭真草二体殊异的注解。

《初学记》编成

类书《初学记》的编撰比《艺文类聚》约迟近百年，与《文选》《艺文类聚》等一起，是隋唐五代时期官方的文学教材之一。

《初学记》共30卷，是唐玄宗命徐坚、张说、韦述等人编撰的一部官修类书，唐玄宗欲以之取代《艺文类聚》，并作为皇子皇孙学习的文学教材。《大唐新语》中对《初学记》的编写经过，有这样的记载：唐玄宗对张说说："儿子等要学习写文章，必须检索事迹，观看文体。《御览》之类书籍，部帙浩繁，查阅起来稍为困难，你和诸位学士撰集重要的事与文，分类编排，务必取其省便，让皇子等学习起来易见成效。"于是，张说和徐坚、韦述等编写了这部书，进呈皇上，玄宗下诏以《初学记》命名。

《初学记》以知识为重点，兼顾辞藻典故和文章名篇。在编排体例上，此书与《艺文类聚》相仿，但是取材精而范围广。每一事目下均分有"叙事""事对"和"诗文"三部分，"叙事"部分列举古今典籍对某一事物的各种主要解释，"事对"部分陈述与此论题有关的两两相对的事物，"诗文"部分是与之相关的各种范文，包括诗、赋、赞、碑、文、牒、颂等等，为学习者提供了具体、生动的实例，便于阅读和仿效。其他类书的"类事"部分仅仅是把所搜集的材料逐条抄上，成为资料汇辑，《初学记》的"叙事"部分则非如此，它是经过精心的组织编撰，使类事连贯成一篇文章，这对于子目标题来说，等于是作了一番原原本本的说明，更加详尽和富于趣味。在唐人类书中，《初学记》虽然内容比不上《艺文类聚》博大，而精练则超过了它。

宋代人刘本在《初学记序》中曾指出，《初学记》的基本内容是"摘六经诸子百家之言而记之"，其编写和传播的本身就是"文以载道"的实践。唐代统治者已经认识到诗文教育必须与政治、宗教、社会习俗、伦理、思想和道德等紧密地联系在一起，要将诗文教育纳入儒家思想领域之中，以便于自己的统治。《初学记》的编撰与统治者的思想是相符的。这部原本为帝王子孙编写的《初学记》，后来逐渐流传到民间，成为唐朝中晚期，以至后代重要的文学写作教材和儒学教材。

杜甫漫游天下

杜甫（712 ~ 770），字子美，祖籍襄阳（今属湖北），是唐代最杰出的现实主义诗人。他出生在一个世代"奉儒守官"的家庭，这对他一生的创作道路有着重要影响。杜甫早慧，他在《壮游》诗中追忆说"七龄思昂壮，开口咏凤凰。九龄书大字，有作成一囊"。十四、五岁就在文坛崭露头角，受到前辈的重视。

二十岁起，诗人开始了他为期十余年的漫游生活，他先游吴越，到过金陵、姑苏，曾经泛舟剡溪直至天姥山下。开元二十三（735）年回洛阳参加进士科举考试不中。第二年他又在齐赵一带开始了他的第二次漫游，直到开元二十九年（741）才回到洛阳。天宝三年（744），他在洛阳结

《柴门送客图轴》。明周臣绘，取意杜甫《南邻》诗末句"相送柴门月色新"。

识李白，相邀同游梁宋，同行的还有著名诗人高适。后来高适南游楚地，李杜则北上再游齐赵，他们一起登高怀古，寻幽访胜，饮酒论诗，结下深厚友谊，他晚年回忆这段时光是"放荡齐赵间，裘马颇清狂，春歌丛台上，冬猎青丘旁"（《壮游》）。这个时期的漫游使诗人接触到祖国众多的文化古迹和壮丽山河，结交了不少造诣深厚的良师益友，为他诗歌创作的发展成熟做好了准备。

这一时期唐王朝国强民富，但玄宗已开始好大喜功，开拓边疆，社会上已隐伏了不安定因素。杜甫对此有所预感，但并未重视。他这时期所写的诗可能有数百首，但只有二十多首流传下来，主要是五言律诗和五言古体诗，表现出青年诗人对自己前途和能力的乐观自信，充满了勇于攀登、蓬勃向上的青春朝气。如这一时期最著名的《望岳》诗"会当凌绝顶，一览众山小"。气象开阔，笔力雄健，不同凡响，充分体现了青年杜甫积极的乐观主义精神。

唐人善竹刻

竹刻，或称竹雕，是我国特有的一种专门工艺美术。我国远古时期就用竹制造生产和生活用具，并在竹制品上施加装饰。湖北江陵的战国墓曾出土圆雕竹刻件，湖南长沙马王堆一号西汉墓出土浮雕龙纹竹勺，又在甘肃武威东汉墓中曾出土雕有字的笔管。唐代，有在笔管上刻人、马、亭台和水波，生动纤细，刻艺已极高。

宋代郭若虚《图画见闻志》关于唐代竹刻有颇详备的记载："王倚家藏有一竹制笔管，上面刻《从军行》一铺，人马毛发，亭台远水，无不精绝。每一事刻《从军行》诗两句。……其画迹若粉描，向明方可辨之。"可见唐代的竹刻艺术已达到相当高的水平。现藏于日本正仓院的唐尺八，用留青法浅雕仕女、树木、花草、禽蝶等，明显是唐朝风尚，与当时的金银器镂刻以及石刻线雕意趣相同。这种留青法，就是保留竹的表皮为花纹，花纹以外的表皮去掉，以淡黄色竹肌作底，竹干后才能开始刻画。刻后大约一两年，表

唐周昉《捣练图》卷（部分）。画中捣练者执杵挽袖，刻画惟肖，反映出唐代妇女劳作的情景。

唐周昉《捣练图》卷（部分）

皮呈现淡黄色，此后变化不大，而竹肌颜色则由淡黄而深黄，而红紫，所以时日愈久，皮、肌的颜色差异越显著，花纹也越来越清晰，此为竹刻最重要的技法之一。

唐人竹刻，为宋代竹刻的普遍打下基础。

高适、岑参组成边塞诗派

边塞诗派是盛唐诗歌流派之一。代表诗人是高适、岑参，还有王昌龄、李欣、王之涣等。唐时，与欧亚各国及国内各民族之间有着广泛的往来。但也时常发生一些民族冲突，边塞战争频繁。这些历史现象对当时的生活影响较大，因此也成为很多诗人歌咏的题材。边塞诗作者结合壮丽辽阔的边疆景象，表现驰骋沙场

吐鲁番故城宝匣印经塔

建功立业的壮志豪情，抒发慷慨从戎、抗敌御侮的爱国思想，反映征夫思妇的忧怨以及边疆的荒凉艰苦生活。同时也反映了唐帝国内部的各种矛盾。边塞诗人的作品气势奔放，慷慨激昂，给人一种奋发向上的力量。边塞诗人深入表现边塞生活，不论从开拓诗歌的表现题材，还是艺术上的创新方面，都取得了很大成就。王昌龄的《出塞》《从军行》，李颀的《古从军行》是唐边塞诗中的杰作，王之涣和崔颢等人也写过一些边塞诗，但边塞诗人中成就最大是高适、岑参，因而该诗派又称高岑诗派。

克孜尔石窟融汇中外艺术

位于丝绸之路上的龟兹，盛行佛教小乘学，三世纪时佛教达于极盛，境内伽蓝连路，少则僧徒数十，大则沙门成百，石窟寺院遗迹丰富，克孜尔石窟就是其中的代表。

克孜尔石窟位于今天新疆拜城县东南约 60 余公里处，凿建于木札提河北岸明屋达格山的悬崖上。现存的洞窟分布在谷西、谷内、谷束、后山 4 个区内，已编号者有 236 窟，其中窟形和壁画保存较完整的有 81 个窟，是古龟兹境内现存规模最大的石窟群，也是龟兹石窟的典型代表。

早期洞窟约在 4 世纪修建，以中心柱窟、大像窟和僧房窟为主。中心柱窟的壁画数量多，保存也较好。主室券顶中脊处壁画以天相图为主，组合复杂，一般包括日天、月天、风神、蛇形龙、立佛和金翅鸟。券顶左右侧壁为数列菱形山峦为背景的本生故事或因缘故事画，主室左右侧壁画方形构图的因缘

克孜尔逾城出家壁画

乐舞供养和佛传壁画。克孜尔第76窟主室西侧壁。此窟西侧壁上端是一横列乐舞供养，中心部位是立佛像，佛两侧各有六个舞蹈和奏乐的人，佛和天人都立在楼台的栏杆内。此为右侧的一半，画幅左端尚可看到立佛像背光的外缘。

佛传故事，表现释迦的教化事迹。早期洞窟，有类似于阿富汗巴采物窟形，壁画也有较浓厚的犍陀罗美术风格影响，但中原传统汉画线描技法在壁画中也普遍使用，根据当地特点，反映当时社会世俗生活的石窟建筑和画面内容，说明克孜尔石窟艺术是在本地区艺术传统基础上深受中原文化影响又吸收了外来文化而形成的艺术结晶。

中期洞窟大约为5～6世纪时修建。壁画主要集中于中心柱窟。主室为纵券顶的中心柱窟，券顶中脊壁画仍以天相图为主要题材，但出现简化的趋势，同时出现须摩提女清佛的因缘故事新题材，并出现以塔为背景的新的构图形式。有前室的中心柱窟，画高大的立佛像或大幅说法图，也是早期洞窟所不见的。

晚期洞窟大约为7～8世纪修建，洞窟类型同于中期，但规模变小，形制内容都趋于简化。

克孜尔石窟早、中期的壁画，集中表现释迦的本生、本行和教化事迹，这是佛教小乘佛教"唯礼释迦"的具体反映。晚期壁画显示了大乘佛教对龟兹佛教艺术的影响逐渐加深，而这种影响当来源于盛行大乘佛教的于阗或中原地区。

敦煌壁画灿烂辉煌

经过北朝和隋两代长期的艺术积累，加上唐代政治、经济、文化的相对繁荣和帝王旨在发挥宗教的政治功效而实行的比较开放的宗教政策，这一时期，敦煌石窟的建造进入了繁盛期，壁画艺术也大放异彩，呈现出灿烂辉煌的局面。

唐王朝认真总结和吸取了隋朝速亡的经验教训，注意调合国内外各种矛盾，采取了种种长治久安的政策，不仅使国力达到鼎盛，也促进了民族团结和国内外经济文化交流，经济强盛且实行兼包并容的文化和宗教政策，使得唐代各种宗教都得以充分地发展，佛教在唐代达到鼎盛，形成了各种宗教宗派，教理、教义有重大创造和飞跃发展，求法、译述和宗教活动空前活跃，因而敦煌石窟的开凿和营建也进入了鼎盛时期。在现存的492座敦煌石窟中，有唐一代营造的就达 228 座之多。早在唐王朝建国之初，便以河西为中国的心腹而积极地加以控制和经营，武德二年（619）李世民被任命为凉州总管，开元二十六年（738）李林甫以宰相领河西节度使，重军驻防保障丝绸之路的畅通，农业生产也得以迅速恢复。初盛时期，共建造石窟 124 座，遍布其中的极乐世界图，反映了这时强大而统一的多民

敦煌 320 窟团花藻井壁画

族国家的经济繁荣、文化昌盛、朝气蓬勃欣欣向荣的时代精神。

安史之乱后，吐蕃奴隶主进入河西，在崇信佛教的吐蕃赞普的保护下，敦煌石窟进一步发展，开始出现了殿堂窟和大量的经变。张议潮收复河西以后，其家属和显贵姻亲继续营建，建造了一批中心佛床殿堂窟，佛床前有登道，后有背屏，佛像置其上，窟顶华盖式藻井，四壁画联屏，经变中出现了像《劳度叉斗圣变》类的喜剧性内容的巨型结构，一般经变已有公式化倾向。乾化 4 年，曹氏归义军政权取代张氏，在此统治长达 120 多年，建造石窟 50 多座，还全面重绘重修了前代的洞窟和窟檐，使之外观更蔚为壮观。

唐代敦煌石窟壁画艺术风格不断发生着变化。初唐石窟壁画还十分明显地承袭了隋大业画风。人物造型方正圆润，肩部丰腴微削，腰肢稍稍扭曲，菩萨、佛弟子都显得风姿挺拔。在端严的形象中已出现了一些轻微的动态。如 203 窟《维摩诘经变》中的天女，401 窟北壁下的"供养菩萨"，都是唐初造型的代表，其飞天生动、灵活，两肩飞出的飘带大多离身体不远，逐步在向长曳飘扬的形式发展。武德七年（624）以后，西域交通逐渐恢复，中原艺术的新风格开始与敦煌地方的传统画风合流，在造型、构图、晕染、装饰上都出现了一些前所未有的气象，如 57、205、209、244、322 等窟的"说法图"。

　　贞观十九年玄奘取经返回长安，受到唐太宗李世民的礼遇，掀起了唐代的第一次佛教高潮，原来比较简单的敦煌"说法图"受到中原艺术的熏染而出现了实景实物的"净土变"，从71窟以人物为主的小净土场面，到220窟结构宏伟、富丽非凡的大构图，是这一时期大型经变壁画巨大成就的代表作。当佛教信徒已不再满足于"西方三圣"环绕一群菩萨听佛就法的简单形式而希望看到更多的"化生菩萨"时，220窟的《西方净土变》就适时地表现了"净土"是"化生"的归宿。它从尚在透明的莲花菩蕾中孕育的灵魂，破绽而出的幼童，再到环绕说法佛的亲疏远近，大小高低的菩萨，表现了佛经所说的由于行业差别而形成的化生的9个品级的义理，这种等级是封建社会的首要特征，其神圣化在于维护封建等级制度的合理性。在艺术上，它极尽想象之能事，南壁壁画上宝幢林立，繁花如再，在歌舞管弦的世界中，那些化生而来的佛、菩萨按不同的等级，呈现出不同的排列和神态。实际上是苦难人间的"净化"。那支颐沉思、拈带微笑的形象，或坐或立，凭栏转侧的菩萨们，表情充满了安宁、自在和满足，仿佛一友旋律深沉，结构绮丽的形象与色彩的交响乐。实为美

盛唐敦煌壁画《观无量寿经变》。画面用鸟瞰透视，前殿与角楼顶用仰视，构图层次有序，境界深邃，宏伟壮观，赋色柔和，人物造型准确，线描纯熟而精细。

051

初唐敦煌飞天壁画。这是与龛内主尊相配合的一对飞天，彩云托胸，从蔚蓝的天空悠然齐降，于佛背光左侧向佛散花。

术史上罕见的艺术杰作。其北壁《乐师如来本愿经变》，是与之遥相对应的煌煌巨制，风格也近似，只是作为主题的七身乐师佛凝重端庄。此画尤以环绕七佛的飞天、舞乐、天龙八部、协侍眷属最为精彩，下端灯火辉煌、歌舞蹁跹的繁荣升平景象是全幅的精华，这些风格是当时乐观上达的时代精神的艺术再现，反映了这一时代积极进取的主旋律。武周时期，佛教再次达到高潮。武则天曾利用僧人伪撰佛经，假托释迦牟尼授记，为之制造了当皇帝的"呈符命"，敦煌佛事也异常繁盛，这时的经变壁画在造型和构图上已经发生了很大的变化。人物造型与群体关系更为协调，姿态也更为生动，构制阔大、色彩华丽是这时的主格调。

在政治、经济、文化等因素的共同影响下，唐代敦煌壁画艺术创造出灿烂辉煌的成就，是我国艺术史上的宝贵财富。

健舞软舞交相辉映

　　舞蹈是唐代最重要的表演艺术形式之一，它在中国古代舞蹈史甚至文明史上是最为灿烂夺目的一页，是我国古代舞蹈艺术的发展高峰。

　　唐代舞蹈高度发展的重要标志之一，是表演性舞蹈和宫廷燕乐舞蹈等的大量涌现和空前发展。表演性舞蹈形式多样，内容丰富，技巧繁难，具有较高欣赏价值。宫廷燕乐舞蹈来自民间，经过较多艺术加工后，形式华丽，规模宏大。技艺精湛、短小精悍的健舞、软舞则是唐代舞蹈两部重要的品类。

　　健舞、软舞是唐代按照风格特点划分的。多为单双人的小型表演性舞蹈。在宫廷、贵族士大夫家中及民间广泛流传。一般来说，"健舞"动作雄豪刚健，节奏明快，间有舒缓段落。"软舞"优美柔软，节奏舒缓，其中也含快节奏的舞段。健舞主要有 12 个，软舞主要有 13 个，其中中外各民族民间舞蹈占

唐代敦煌《观无量寿经变局部·舞乐》

大唐文化的奇葩

舞蹈图。敦煌壁画极思经变中的舞蹈图。舞蹈者肩披锦带，腹部裸露，赤足，腕部戴着系有小铃铛的镯子，其舞姿明显具有外来舞蹈风格的影响。

据着较大的比例，也有一些是继承前代或唐时新创的。其共同特点是来自民间，经过艺人们较多的加工，技高艺精，受人欢迎，流传广泛，影响深远。

"健舞"类的《胡旋舞》《胡腾舞》和《柘枝舞》等"胡风舞蹈"在唐代诗文、文物等各种记载和形象中，有较丰富的，生动形象的描述。

《胡旋舞》是唐代最盛行的舞蹈（舞种）之一，其主要特征是具有快速、轻盈、连续旋转的高超技艺。《胡旋舞》不仅是"健舞"类的重要节目，有多种表演形式，出现在宫廷宴乐之中。《胡旋舞》在唐代风靡一时，以至于臣妾人人学圆转，"五十年来制不禁"！

《胡腾舞》也是"健舞"类著名舞蹈，以腾踏跳跃为主要特征。多以男子独舞的形式表演。且舞者多是"肌肤如玉鼻如锥的胡人"。

"健舞""软舞"两类中均有《柘枝》舞蹈。健舞《柘枝舞》，原为中亚一带民间舞蹈。其主要伴奏乐器是鼓，并间有歌唱。舞蹈必然具有节奏鲜明、气氛热烈、风格健朗的特点。但它又不同于阳刚雄健的《胡腾舞》。

《屈柘枝》由《柘枝》发展变化而来，伴奏乐曲的主旋律似同出一源，只是调式有所不同。舞蹈动作、风味情调和装置背景则与汉族传统舞蹈有更多融合，更接近中原人民的审美要求。《屈柘枝》的舞蹈形象，可见于陕西博物馆藏"唐兴福寺残碑"侧。

除上述"胡腾""胡旋""柘枝"三个较著名的西域风格舞蹈外，健舞《拂林》也属西域舞蹈，拂林即大秦，指东罗马帝国及其东方属地。

健舞类的《剑器》《黄獐》《达摩友》都与武术或武舞有关。"舞剑"在我国的历史十分悠久。从春秋战国直至汉、唐，武将、文人和舞伎中的许多人都善舞剑。这里所说的《剑器舞》，是唐代舞伎在继承传统舞剑技艺及民间武术基础上发展创造的表演性舞蹈，它的舞姿雄健，气势磅礴，节奏明快清晰，是健舞中有代表性的作品之一。

唐代创作的舞蹈，影响较大的有"软舞"类的《绿腰》《春莺啭》。《绿腰》又名《六幺》《录要》《乐世》等，主要旋律可能十分动听，流传很广。《春莺啭》是"软舞"类的著名舞蹈，据同名歌曲编舞，《教坊记》中有载。元稹《法曲》、张祜《春莺啭》诗中均有记载，此舞曾传到朝鲜、日本等国。《教坊记》将表现北齐兰陵王戴面具作战故事的歌舞戏称为《大面》。又将《兰陵王》列入"软舞"类。看来是表现同一历史人物的两个不同风格的节目。

"健舞"和"软舞"是吸收了各处乐舞的丰富滋养而逐渐形成的一组表演性舞蹈作品。内容丰富形式多样，流传时间长，传播地域广。它们从一个方面代表了唐代舞蹈艺术高度发展的水平。

李邕善写碑

大唐文化的奇葩

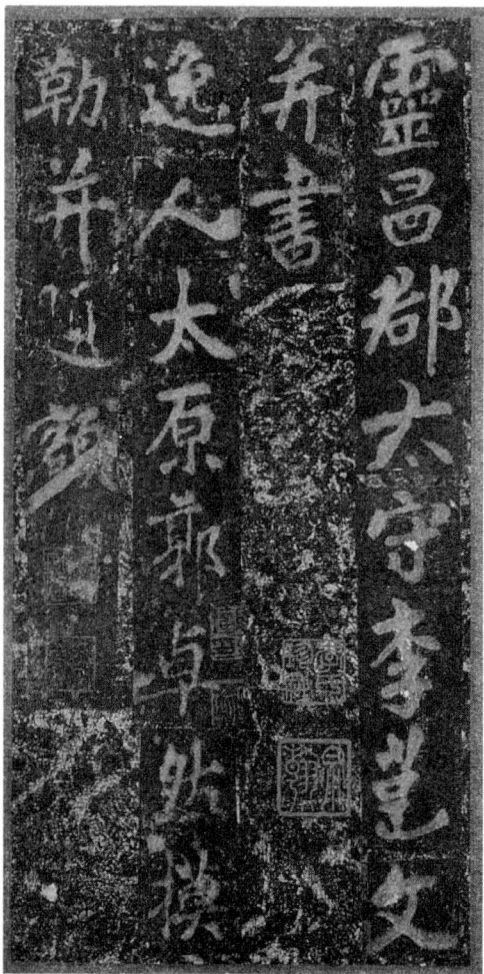

李邕《麓山寺碑》

李邕（678~747），唐书法家，工文，善书，尤擅以行楷写碑，取法二王而有所创造，对后世影响较大。

进入盛唐，书法家远追王羲之的势头不减，褚遂良的影响方兴未艾。开元、天宝之际，李邕接踵初唐，于行楷中别开天地。他在玄宗朝以文辞、书碑名闻天下，据说一生撰文及书碑800通，《旧唐书》称"邕早擅才名，尤长碑颂，虽贬职在外，中朝衣冠及天下寺观，多赍持金帛往求其文，前后所制，凡数百遍，受纳馈遗，亦至巨万"。这说明李邕的文辞之美，名闻天下；而其书碑质量之高，笔力沉雄，自成面目。

李邕对学书法反对一味摹仿，他曾说："学我者死，似我者俗。"存世碑刻有《麓山寺碑》《李思训碑》《李秀碑》等。《李思训碑》作于开元八年，布局疏

凝婉動必前久言必
共轥人之儀形固以
芒天守中轄重養
揆亢宗以長其代邁
德以闢其門者其惟
我越國公嶽以韓思

李邕《元麾将军李思训碑》

朗，书法秀丽，风骨高骞；《麓山寺碑》作于开元十八年，风格浑中育秀；《李秀碑》作于天宝元年，用笔雄浑深厚，老笔纷披，后人评价甚高。明人董其昌比附"右军如龙，北海如象"，北海就是李邕的官称，此话形象地指出了李邕与王书之间的脉络关系，李邕的行楷对中唐行楷具有相当影响。

　　隋代碑刻与字帖合流，书体远未脱离墨迹，楷意不浓。至唐代李邕制碑，才形成完备的楷书笔法，从文字、书体两方面达到了一个新的高度。从这点来看，李邕的贡献不可谓不大。

王维作《阳关三叠》

　　唐代诗歌兴盛，人们往往把一些著名绝句谱成曲调，反复咏唱。根据王维诗句所作的《阳关三叠》就是其中之一。

　　王维是唐代著名诗人。早年有济世之志，曾出使边塞。中年以后，因政局变化及受佛教禅宗思想的影响，开始过着半官半隐的生活。王维前期写过一些以边塞为题材的诗篇，但其作品最主要的是山水诗。诗词构思精巧，音韵和谐，艺术上极见功力。

　　《阳关三叠》是唐代很流行的一首歌曲，它取材于王维的七言绝句《送元二使安西》："渭城朝雨浥轻尘，客舍青青柳色新。劝君更尽一杯酒，西出阳关无故人。"因诗中有"渭城"和"阳关"，故亦称《渭城曲》或《阳关曲》。当时社会上流行《伊州》大曲，该曲歌词多采用五言、七言绝句或截取律诗的四句，配以管、琴乐器伴奏、以反复咏唱的叠唱方法，尽情发挥诗中意趣。《阳关三叠》就是在《送元二使安西》绝句基础上，谱以《伊州》大曲而成。歌曲悲惋凄切、和缓幽扬，是唐诗和唐曲结合的典范。《阳关三叠》就是3次叠唱之意。白居易在《南园小乐》中曾提到"高调管色吹银字，慢拽歌词唱《渭城》"。可见此歌在社会上流传之广。元代以前，该歌乐谱佚失不存；明代初年龚稽古所编《浙音释字琴谱》收有《阳关三叠》琴曲谱，为所见最早的谱本。现今经常演奏之《阳关三叠》，出自清末张鹤所编《琴学入门》。

李白与杜甫把酒论文

天宝三载（744）春，李白离开长安，再度开始了他的漫游生活。"一朝去京国，十载客梁园"。此后 11 年内，李白继续在黄河、长江中下游地区漫游，"浪迹天下，以诗酒自适"（刘全白《唐故翰林学士李君碣记》）。另一方面，李白虽在长安受挫折，心情苦闷，但仍关心时事，希望重获朝廷使用。

从离京漫游到安史之乱爆发这一时期，李白的代表作品有：《梦游天姥吟留别》《战城南》《答王十二寒夜独酌有怀》《古风·羽檄流星》《将进酒》、《北风行》《远别离》和《宣州谢朓楼钱别校书叔云》等。这些诗歌，表现了诗人对权奸当道、国运濒危的忧虑，以及迫切要求建功立业，为国效劳却不羡荣华富贵的政治抱负，诗情更为浓烈，诗风更为豪放。

李白离开长安的同年，在洛阳遇见杜甫。二人同游梁园（开封）、济南等地，携手共探胜景，把酒畅论诗文，亲密无间，结下了深厚的友谊。次年秋，二人分手，此后再没有相见。对于此段友情，两人都写了感情深挚的怀念诗篇。如杜甫的"醉眠秋共被，携手日同行"。又"何时一樽酒，重与细论文"。

破墨山水出现

山水画在魏晋南北朝时期出现以后，历经变迁，在晚唐时期，破墨山水出现。作为中国山水画的一种墨法，显然与青绿山水大相异趣。破墨是将墨色分破为多种程度的浓淡，使之相互掩映，以求墨彩的生动，常用的大致有浓墨破淡墨和淡墨破浓墨两种基本方式。

从文献和遗迹中，我们可以窥见晚唐破墨山水的具体面貌和梗概。其表现的内容和题材以树石近景为主体，具有代表性的画家当数张璪和韦偃。

张璪，字文通，吴郡人（今江苏省苏州市）人，活动于八世纪中后期，他善画水墨山水，尤其精熟松石，传说他能双手分别执笔，同时画出生枝和

敦煌唐代壁画山水（局部）

枯枝，在同一画幅里呈现荣枯不同的形象。他爱用紫毫秃笔，甚至以手蘸墨作画，不求巧饰，画中山水高低秀丽，咫尺重深，富有感染力，发展了破墨山水的艺术技巧。

韦偃，又称韦鹍，京兆（今陕西省西安市）人，出身于绘画世家，能以极其概括的笔墨手法表现马的腾倚，或惊或止，或走或起的不同姿态，尤其是善长画成群的小马，达到了宛然如真、曲尽其妙的境地。他的破墨山水，精妙地表现老松怪石，其富有变化的姿态和壮美的气势，足以代表晚唐破墨山水的笔法。

张璪、韦鹍以水墨浓淡来表现自然界风云树石，不求形似、色似，不追求外表的逼真、细密，而求其神韵，对后世山水画在表现风云涌动之状、山石突兀之象时呈现一种苍茫之感，影响极为深远。并直接开启了宋元山水画和写意画的新气象。

经变绘画艺术达到高峰

　　隋唐两代，在帝王的大力倡导下，佛教得以更为广泛地传播，佛寺被大量建造，装饰竟为藻绘。大一统的政治局面，使南北佛学交流，融合更为便利。艺术精英被汇聚起来，致力于寺院壁画的创作，逐渐将这一艺术形式推向顶峰。

　　这一时期的佛寺壁画包括佛经经变故事，净土变相以及菩萨像等题材，它们被统称为经变绘画，起源于印度，随着佛教的输入而传入中国。

　　隋文帝杨坚、隋炀帝杨广都大肆修建佛寺，使得一大批杰出的绘画艺术家投身于佛寺壁画的创作，在宗教画方面享有盛名的隋朝画家有展子虔、郑

唐代敦煌《绝代勒经变局部·女剃度》

唐代敦煌《法华经变》

唐代敦煌《药师经变》

法士一家、孙尚子、董伯仁、杨契丹、田僧亮、李雅、尉迟跋质那等。上都的定水寺崇圣寺、海觉寺、光明寺，东都龙兴寺等著名寺院都曾有展子虔所绘壁画，他以绘制法华变而擅名。法华变是有关法华经的经变故事，作为中国佛教史上第一个宗派——天台宗的经典，法华经被宫廷画家展子虔用绘画形式大量表现，显然是奉了皇家旨意的，且具有开创性意义。现存敦煌420窟的隋代壁画中的法华变，全部经文按情节连续展现在数层长幅中，表现出细密精致而臻丽的风格，足以使我们窥知展子虔艺术水平之堂奥。

董伯仁是与展子虔齐名的隋朝画家，他所画的楼台人物旷绝古今，而更在其大型的弥勒变中融入他所擅长的楼台人物，组成富有现实生活气息的画面，开启了唐代弥勒经变的端倪。

初唐时期，太宗李世民也利用佛教作为其政治统治的工具，恢复和兴建了许多佛寺。贞观三年（629），李世民为报"母恩"，舍通义宫为尼寺，还多次下诏普度僧尼。这时寺院共3716所，太子李治为其母文德皇后建大慈恩寺，为了便于玄奘译经，另造翻经院，建筑非常宏阔，并集中了当时名家所绘壁画。

初唐的大型经变在题材、样式上继承前代，但规模、技艺却大大超过了以往。敦煌初唐的净土变，如药师琉璃光如来本愿功德经变、维摩诘经变、涅槃经变、大云经变等都表示出这种壮丽而精致的风格。在这一时期也出现了一些新的经变题材，如地狱变、文殊、普贤、千钵文殊等，地狱变为张孝师所创，后被吴道子发扬光大。尉迟飞僧的千钵文殊开创了密宗图象的体例。

唐玄宗李隆基所处的盛唐时期，国力更趋鼎盛，他更是大肆佞佛，不仅倾全国之资财修造寺院，而且将画师的全部智慧都集中于寺观雕饰藻绘上。许多画家在这上面耗费了毕生的精力，创造了大量惊心动魄的长篇巨制。

盛唐时期的经变种类更为繁多，如西方变、药师变、弥勒下生经变等几乎二十种，甚至渗透于道教领域。道教的龙虎君明真经变、玄元真、天师真等也是反复描绘的题材。

画于东都洛阳弘道观的《东封图》是当时最著名的画家吴道子、韦无忝、陈闳的手笔，全图表现的是唐玄宗李隆基泰山封禅归来，车驾经过上党金桥时的景象。吴道子一生绘制寺观壁画三百多幅，其中变相人物，奇纵异状，无有同者。他十分重视题材和艺术技法的创新，其地狱变，无牛头、马面、剑林、狱府等狰狞事物，依靠整幅画面构成阴森气氛，变状阴怪的形象，产

生撼人心魄的力量。

　　经变壁画自汉代传入我国，在魏晋南北朝奠定了其艺术技巧及理论基础，经隋唐两代无数优秀画家潜心创作，到吴道子手上达到了其艺术顶峰，成为中华民族值得异常珍视的艺术瑰宝。

霓裳羽衣乐舞成

　　在唐代，中国古代所有艺术门类都得到了长足的发展，音乐和舞蹈也同样如此，而最能代表唐代在这方面成就的是大型表演性舞蹈作品《霓裳羽衣》乐舞。

　　据传，霓裳羽衣乐舞是唐玄宗中秋月夜梦游仙界，在月宫听到袅袅的仙乐，十分动人，回来后只记得一半，正在这时，西凉都督杨敬述进献《婆罗门》曲，与其声调相符，于是以月中之曲作为整个乐舞大曲开始的序曲"散序"，而后者作为主体，谱成《霓裳羽衣法曲》。这段神话般的传说，除神化皇帝部分显得虚妄以外，至少表明该曲在创作上融合了中、外民族民间乐舞的成分，进行了主观能动的艺术加工创新，反映了唐明皇李隆基既有较高的音乐艺术修养，又对仙山琼阁的天上人间充满了遐想，在此情形下，他亲自作曲以抒情怀。这支舞曲吸收了传统"清商乐"的艺术传统，融合了西域歌舞的形式，将音乐、舞蹈、诗歌三者结合成一部大型套曲。

　　其舞蹈除采用传统的优美舞姿"小垂手"等外，还大量糅合西域胡旋舞的精彩旋转技巧，包括独舞，双人舞，及多达数百人的大型群舞。据传说，杨贵妃曾两次为唐明皇独自表演《霓裳羽衣舞》，白居易曾写诗描述他在元和年间（806～820）在宫廷观看的双人舞《霓裳羽衣舞》的情景，说那旋转的舞姿，轻柔得仿佛是随风飘然而落的朵朵雪花，忽然回眸一笑又赶忙避开，那欲进故退的媚态，又若受惊的游龙，一个短暂静止的舞姿，像无力柳条似的下垂柔软的双臂，急促的舞步，使斜拖身后的长裙鼓满轻风，像浮云之升腾。舞曲以一个快节奏后的停顿戛然而止，飞舞的鸾凤立即收起翅翼。在鹤鸣般的长引声中结束，这是一种创造性的新手法。霓裳羽衣乐舞是一部艺术性强、技术水平高的大型表演性舞蹈作品，是唐代舞蹈的代表作。

韩干画马

　　韩干是唐代画家，京兆人（今陕西西安），开元。天宝年间（713 ～ 756），十分活跃，负有盛名。他善画肖像、人物、道释、花竹，尤工鞍马。他重视写生，遍绘宫中及诸王府之名马。因为画马，他与当时画牛高手戴嵩，被并称为"韩马戴牛"。

　　韩干画马，神形毕肖。他初师曹霸，但又突破了曹霸、陈闳、韦偃等的程式，继承了汉代以来的优良绘画传统，而"古今独步"。他以真马为师，创作态度十分严谨，但也不是客观复制与再现。宋董在《广川画跋》中说："世传韩干凡作马，必考时日，面方位，然后定形、骨、毛色。"由此可见其认真创作的精神。他画的马比较肥壮，态度安详，这是因为他观察的是御马。

他一改前人画马螭颈龙体，筋骨毕露、姿态飞腾的"龙马"作风，以精炼的写实技法，创造出富有盛唐时代气息的画马新风格。他注重比例准确，加强劲健感和力度运动，主要以匀细圆劲的线条描出马体，配以渲染，产生色度变化，使画面传达出一种生命节奏。

　　同时代人和后人对他画的马，赞赏备至。杜甫《画马赞》中说："韩干画马，毫端有神"；苏东坡《韩干马》中说："少陵韩墨无

韩干《照夜白图》卷。"照夜白"是唐玄宗李隆基的坐骑，此图用笔简炼，线条纤细遒劲，马身微加渲染，雄骏神态已表现出来。

韩干《牧马图》册。图中画黑白二马，一奚官虬髯戴幞头，手执缰缓行。此图线条纤细道劲，勾出马的健壮体形，黑马身配朱地花纹锦鞍，更显出其神采；人物衣纹疏密有致，结构严谨，用笔沉着，神采生动，纯是从写生中得来。

形画，韩干丹青不语诗"，正是对他最恰当的评价。韩干曾作《玉花骢图》、《照夜白图》、《牧马图》、《洗马图》、《八骏图》、《百马图》等，代表了唐代鞍马作品的风格。

崔颢作《黄鹤楼》

　　崔　颢（约704~754），唐代诗人。字号不详。汴州（今河南开封）人。开元十年（或十一年）进士，天宝中任太仆寺卿。《全唐诗》录有他的《崔颢诗集》1卷，存诗40多首，其中以《黄鹤楼》最为有名。

　　《黄鹤楼》是一首七律诗。诗人在诗中以有关仙人乘黄鹤的传说及现实中的黄鹤四周的景色为题材，抒发了吊古怀乡之情。"白云千载空悠悠"和"烟波江上使人愁"两句，前者写盼鹤不见引起的愁绪，后句则写思乡不见而引起的苦闷。尽管涵义不同，但表现出的形态特征却完全相同：一样的惆怅，一样的茫然，一样的沉重。这两种不同的情感在诗中融合一体，起到了互相照应、互相衬托的作用。

《黄鹤楼图轴》。长江边上的黄鹤楼，曾经留下了诗人崔颢的吟唱："故人西辞黄鹤楼，烟花三月下扬州……"图为明人安正文绘黄鹤楼图轴。

　　在写法上，全诗采用远近结合、虚实结合、情景结合的手法，如几度出现虚幻和想象中的景物：昔人乘鹤、日暮乡关等，而实景更多：白云、烟波、晴川……亦虚亦实，虚实相间，使人目不暇接，浮想联翩。诗人将思想感情全部融入了这些景物之中，悠悠白云凝结着诗人因鹤去楼空而生的惆怅之情，

江上烟波则笼罩出他思念故乡而乡土不见的忧愁。它们是景语，也是情感的流露，如此达到了情景交融的地步。相传李白读后大为佩服，叹道："眼前有景道不得，崔颢题诗在上头。"严羽《沧浪诗话》说："唐人七言律诗，当以崔颢《黄鹤楼》为第一。"沈德潜在《唐诗别裁》中也写到："意得象先，神行语外；纵笔写去，遂擅千古之奇。"

张志和作《渔歌子》

张志和，唐代词人，原名龟龄，字子同，自号玄真子，婺州（今浙江金华）人。生卒年月不详。他自幼聪明好学，年纪不大就明经及第。唐肃宗即位后，因向肃宗献策，被授予左金吾卫录事参军，赐名"志和"。后因事遭贬，不再复出，到处漂泊，四海为家。著有《玄真子》12卷和《述大易》15卷，均已散佚。他的词仅存《渔歌子》5首。

《渔歌子》即《渔父》，是一组题咏渔父词的名作。这组歌词共5首，并非一时一地之作。它们之中有的写于湖南洞庭湖畔，有的则是词人在浙江境内的写照。而其中最为人传诵的第一首词"西塞山前白鹭飞"不论在季节、地点上都与其它几首有差异，内容和艺术上也都高于其他各篇，堪称《渔歌子》词的压卷之作。

这首词从景物描写入手，"西塞山前白鹭飞，桃花流水鳜鱼肥。"春到西塞山，飞翔的白鹭、盛开的桃花、欢跃的鳜鱼，一股清新之气扑面而来。"青箬笠，绿蓑衣，斜风细雨不须归。"写渔父头戴斗笠，身披蓑衣，在绵绵春雨中悠然垂钓，心境淡泊而宁静，寄寓了士大夫隐逸山水的情趣。

《渔歌子》问世后，许多诗人争相唱和、仿作，一时"和《渔歌子》者无算"（《竹坡诗话》），甚至东传日本，为嵯峨天皇和宫廷贵族所唱和。宋代苏轼也曾将词意化用入《浣溪沙》和《鹧鸪天》中。

吴道子画名广播

　　吴道子（约686~760前后），后改名道玄，尊称吴生，阳翟（今河南禹县）人，少孤，生活贫寒，早年为民间画工，很快就熟谙画理。曾有5年担任低级官吏的生涯，后来浪迹东都洛阳，随张旭、贺知章等学习书法，最终成了专门画师，开元年间（713~741），被唐玄宗召入宫中担任宫廷画家。他以精湛的技艺和旺盛的创造力，绘制了大量的宗教画、历史画和政治肖像画，以善绘人物、佛道、神鬼、山水、鸟兽、草木、台殿而著称于世，声名被广为传播。

　　活跃于国力强盛、经济繁荣的盛唐时期的吴道子，喜与文人名流交往，又游历各地，在绘画上远师张僧繇，近法张孝师，早年绘画继承了六朝行笔流丽纤细的风范。唐代文学艺术的空前发展，中外文化交流，各艺术门类的

《释迦降生图卷》。又名《送子天王图》，纸本，墨笔画，传为唐吴道子所画，或说是宋李公麟手笔。画中所绘释迦降生场面，具有鲜明的中国风格，表明佛教已融入中国文化之中。

唐《渡海天王图》。绢本设色。属"吴家样"风格的作品。描绘毗沙门天及随从眷属乘云渡海。毗沙门天为佛教护法四天王之一，亦称北方天王。图为天王戴华丽高冠，体态魁梧，身披皮甲，威风凛凛，右手持戟，左手有云气上升，云中出现一宝塔。这种武将为初唐以来流行的绘画形象。该画构图用笔与敦煌 172 窟壁画相近，尚存盛唐画风。

沟通，为他的艺术才能的发挥提供了契机，通过广泛的学习，中年以后笔迹磊落逸势，高度成熟。

大型经变是唐代佛教壁画发展得最为完善、最有时代特点的绘画形式，从南北朝到唐代，已经历了长时间的发展变化，积累了许多绘画艺术技巧和经验，吴道子在此基础上，潜心研习，在洛阳、长安两地寺院绘制了300多堵宗教壁画，其《地狱变相》名噪一时，这些壁画具有各种不同的情境与气氛，塑造的形象异彩纷呈，天女、力士、菩萨惟妙惟肖，而且都是一些生命活力充沛的形象，创作才能和艺术技法达到了得心应手的阶段。由此，他的宗教画仪范被尊为"吴家样"而成为极为流行的艺术样式，他所创作的宗教画在当时和后代不断地被传摹。从现存的唐代壁画、石刻以及寺塔出土的唐宋佛教图卷中，可以探寻吴道子绘画的风貌。《渡海天王图》是属于"吴家样"风格的作品，天王孔武有神，侍从气势雄壮，整个画面具有统一的气氛与强烈的运动感，传说他"援笔图壁，飒然风起"，达到"天衣飞扬，满壁风动"的效果，技巧工致而色彩绚丽，在构思设计和形象塑造上显示了当时最高的艺术水平。

天宝年间，吴道子奉旨游蜀归来，在大同殿画出嘉陵江三百余里的旖旎风光，受到唐玄宗的极力赞赏。他还奉诏绘制了一些历史画和政治肖像画如《金桥图》。

在艺术上，吴道子富有创新精神，他用状如兰叶或莼菜条的笔法表现衣褶，圆转而有飘举之势，被称为"吴带当风"。他创立的白描画主要用笔和线型，洗练而疏阔，往往只一二笔，就已具象，后人将他和张僧繇合称为疏体画家以区别顾恺之和陆探微的"密体"他善于通过墨线的肥瘦抑扬，表现出物象的运动感和量感，而且其人物造型重视眼神描写和夸张手法，且避免了公式化。白描所用线条组织规律，描绘出了物体的凹凸面，阴阳面，收到了飘逸、柔软的艺术效果，较好地解决了"线"和"面"、"透视"与"角底"、阴面与阳面处理等矛盾。

吴道子被历代画家奉为不可超越的高峰，尊为"百代画圣"，在中国绘画史上地位无可企及。

他的《天王送子图》被视为"天下第一名画"（明泰昌元年张丑跋）。吴道子落笔雄劲，敷粉简淡，线条遒劲雄放，变化丰富，改变了高古游丝描

的细笔，发展为线描的技法，表现出的物象富有运动感节奏感。吴道子对我国民间绘画艺术起了承先启后的作用，他的艺术标志着外来画风的结束，新的民族风格的确立。他所画人物、鬼神、鸟兽、台阁各种绘画都取得了卓著的成就。历代油漆彩绘工匠和塑像工匠也都奉他为祖师爷。

苏东坡说："诗至杜子美，文至韩退之，书至颜鲁公，画至吴道子，而古今之变，天下之事毕矣。"

中国版画形成

随着社会和各种手工业艺术的发展，在隋唐时期产生了版画，中国古代版画主要以木刻版画为主，少数为铜版刻，个别还有套色漏印，它的制作，由于是经过刀在板上的镌刻，具有它独特的刀味和木味，其线条和艺术形象都不同于一般的手描的画稿。

中国版画的起源，与雕版印刷术的发明和普遍应用有着极其密切的关系，我国的雕版印刷术始兴于7世纪唐贞观年间，唐太宗皇后长孙氏去世（卒贞观十年六月）后，"官司上其所撰《女则》10篇，采古妇人善事。……帝览而嘉叹，以后此书足垂后代，令梓行之"。这里的"令梓行之"，就是将《女则》一书雕版印行，又有唐冯贽《云仙散录》引《僧国逸录》所记："玄奘以回锋纸印普贤像，施于四方，每岁五驮无余。"唐代贞观之治，文治武功达到前所未有的兴盛，促使雕版印刷从7世纪贞观年间逐渐发展起来，刻书地点遍布全国各地，可考的就有京城长安、东都洛阳、益州、扬州、江西等地，尤以益州最为发达。

版画的形成与佛教的传播也有着不可分割的联系，玄奘以回锋纸印佛像普施四方就是一个明显的例子，唐墓出土的唐刻梵文《陀罗尼经咒图》中的大臂菩萨像，就是至德二载（757）的作品，唐懿宗咸通九年（868）雕印的《金刚波罗密经》，由7张纸拼接而成，卷末印有"咸通九年四月十五日王为二亲敬造普施"的刊记。内容系佛在舍卫城祇树给孤独园为长老须菩提说法场面，画面正中释迦牟尼端坐于莲台上，菩萨、弟子及金刚部众排列两旁，二狮子分卧佛座两侧，座前有菩提合掌顶礼，状极虔诚，空中飞天盘旋，气氛隆重，

整幅画布局严谨，刀法熟练，线条细腻，显示出雕版印刷已达到相当的水平。

唐代中国版画的形成，对后期宋元明清时期的繁荣打下了深厚的基础，至十六世纪明代的万历年间，已达高峰状态，至明天启、崇祯，清康熙、乾隆、嘉庆，一直兴盛不衰。这期间，出现了版画的各种流派，并创作出大量优秀作品，成为中国古代版画的辉煌时期。

王昌龄作边塞诗

王昌龄（约698～756），字少伯，盛唐诗人，开元十五年进士，历任汜水尉、校书郎，后因事被贬谪岭南；北还后又贬江宁丞，再贬龙标尉，世称王江宁、王龙标，后死于安史之乱中。

王昌龄生活在盛唐时期，与诗人王之涣、高适、岑参、王维、孟浩然、李白等均有交往。这时期唐诗发展到高峰，诗坛的主流是浪漫主义，边塞诗派是其中的一个重要流派，王昌龄则是写作边塞诗的主力之一。

王昌龄多以乐府古题写作边塞诗，既歌颂将士们爱国立功的豪情和英勇奋战的精神，也抒写征人长期戍边、背井离乡所产生的离愁。《从军行》是他边塞诗中的名篇："青海长云暗雪山，孤城遥望玉门关。黄沙百战穿金甲，不破楼兰终不还。"诗中展现了以长云、雪山、孤城、雄关为背景的边疆战场，衬托出身经百战的将士们誓破楼兰的英雄气概。而"琵琶起舞换新声，总是关山离边情，撩乱边愁听不尽，高高秋月照长城"，则融情入景，以长城月色的苍凉来衬托"边愁"的邈远绵长。

无论是抒豪情还是咏边愁，王昌龄的边塞诗都洋溢着蓬勃向上、健康明快的浪漫主义精神，富于艺术感染力。在表现形式上，王昌龄多以易入乐的七绝写作边塞诗，被后人誉为"七绝圣句"。他善于从错综复杂的现象或深挚委婉的感情中提炼、塑造出典型的形象，语言锤琢洗炼而臻完美，变绝句体制短小的特点为优点：言简意深，以少胜多。他的《边塞》一诗则集中体现了这一艺术特点："秦时明月汉时关，万里长征人未还，但使龙城飞将在，不教胡马渡阴山。"诗歌头两句以秦月、汉关这具典型意义的景物浓缩了秦汉以来边关战火不绝，无数征人战死沙场的历史，引起人们的深思，后两句则含蓄地表达了对国家任用将帅能人以巩固边防的愿望。此诗深入浅出，形象鲜明，意境高远，被推为唐人七绝的压卷之作。王昌龄边塞诗的另一突出特点是以抒情为主，景物描写往往是情感的进一步渲染或补充。无论是"大漠风尘日色昏，红旗半卷出辕门"，还是"烽火城西百尺楼，黄昏独坐海风秋"，一景一物都蕴含着或激昂或惆怅的情调，极易引起人们的共鸣。

王昌龄的边塞诗意境雄浑开阔，风格明朗有力，由此可见"盛唐气象"之一斑。

中原西域乐器结合

隋唐时期，来自西域的重要乐器筚篥和曲项琵琶，逐渐和中原传统乐器融合，在乐队乐器的管、弦两大类中分别占有突出地位，对后世的宫廷音乐和民间音乐都有重大影响。

这些乐器可以作为独奏、重奏和合奏的乐器，也可用于伴奏。今日通行的管子和琵琶（直项），即分别是筚篥和曲项琵琶的后裔。但目前在福建泉州和陕北榆林等地尚可见到曲项琵琶的遗制。

隋唐五代时期，尚未见使用拉弦乐器的记载。宋代陈旸《乐书》中载有奚琴，置隋唐乐器之间叙述，又说它"本胡乐也""至今民间用焉"，似指它是前代以来的乐器，但目前尚缺乏其它史料来证实。唐代诗作等文献中时而可见"胡琴"一词的应用，系泛指胡人乐器曲项琵琶、五弦等，而和自宋代以后出现的拉弦乐器"胡琴"有别。

隋唐五代时期的乐队组织多种多样，不拘一格。隋九部乐、唐十部乐中最重要的乐部清乐、西凉乐和龟兹乐（在西域诸乐部中有代表性）所用的主要乐器具有以下特点：中原传统乐器篪埙、琴、瑟、筑、秦琵琶等，仍保留在清乐中使用，而未被西凉乐、龟兹乐采用。中原传统乐器被西凉乐采用的，有卧箜篌、编钟、编磬。龟兹乐中的重要乐器筚篥类、竖箜篌、五弦琵琶，被西凉乐采用，其它还有贝、铜钹、腰鼓、齐鼓、檐鼓。清乐、西凉乐、龟兹乐共同使用的乐器，除来自西域的曲项琵琶外，中原传统乐器有笙、箫（排箫）、笛、筝类。龟兹乐所用鼓类极多，而清乐、西凉乐所用较少，尤其是

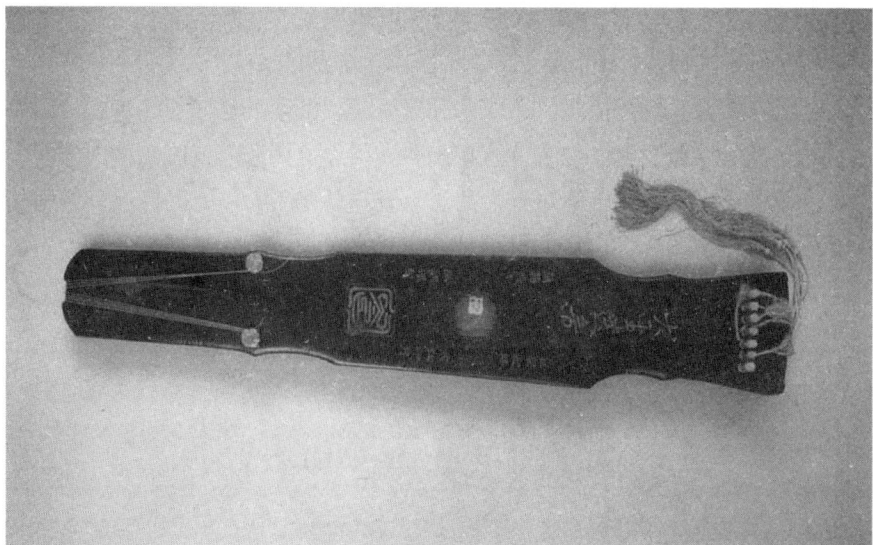

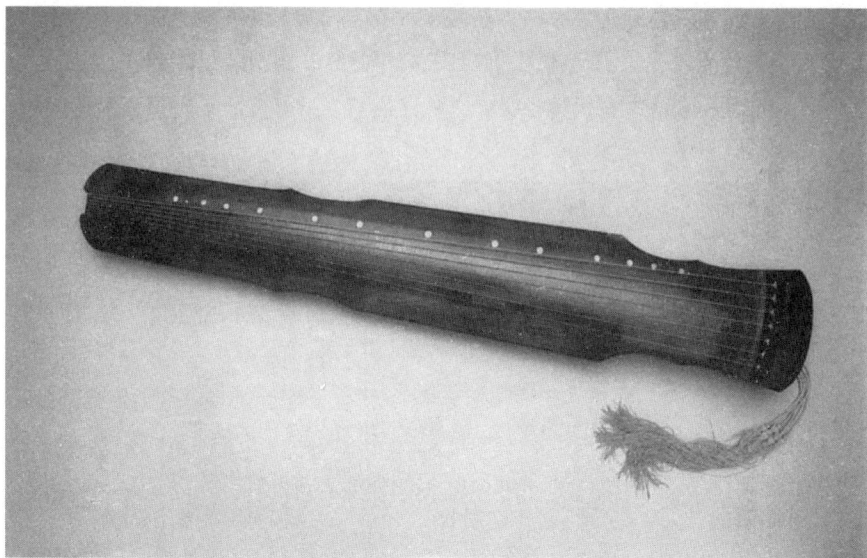

唐代"大圣遗音"栗壳色漆琴。此琴为神农式，桐木斫，漆栗壳色间黑色，略有朱漆修补，鹿角灰胎，发蛇腹间牛毛断纹，金徽。龙池上方刻草书"大圣遗音"四字。此琴为安史之乱后所制，四字款当系唐代官琴的标志。此琴发音清脆，饶有古韵，造型浑厚，别致优美，是传世唐琴中最完好的一件。图为琴的正反面。

清乐，这和音乐的内容、情趣、风格有关。重要节奏性乐器拍板，均未见涉及；但在壁画、浮雕等资料中，它显然在乐队中占有重要地位。

　　清乐、龟兹乐和西凉乐三乐部的乐器构成，大体上可分别代表本时期中原传统乐队、西域乐队和二者混合型乐队。敦煌莫高窟壁画以及出土乐俑、浮雕、线刻绘画等，关于隋唐五代的乐队资料甚多，大体上以接近龟兹乐和西凉乐两种乐队的为多，于此也可见其广泛影响。南唐周文矩《合乐图》甚为细致真实，接近西凉乐乐队，而且还有方响、建鼓，加强了中原传统清乐的色彩。

王维《辋川集》代表盛唐山水田园诗派

　　上元二年（761），唐代著名诗人、画家王维去世，终年61岁。

　　王维（？～761），字摩诘，祖籍太原祁县（今山西祁县），后随父迁居蒲州（今山西永济）。开元九年（721）高中进士。开元二十二年张九龄为中书令时，王维被擢升为右拾遗。安史之乱爆发后，王维被叛军所俘，曾受伪职。

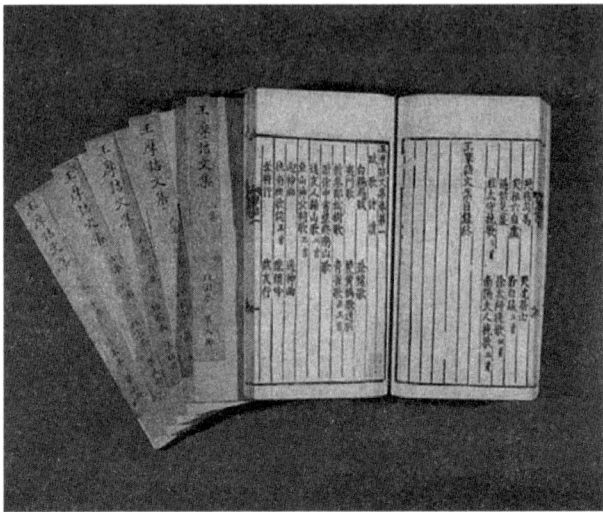

宋代刻本《王摩诘文集》

唐军收复长安后，他被贬为太子中允，官至尚书右丞，世称王右丞。王维晚年笃志奉佛，退朝后，隐居终南山辋川别墅，焚香禅诵。王维的前期思想比较积极，其诗也反映了盛唐时代蓬勃向上的进取精神；后期思想则较消沉，寄情山水，遁入空门，以田园山水诗为多。

他的诗在其生前以及后世，都享有盛名，史称其"名盛于开元、天宝间，豪英贵人虚左以迎，宁、薛诸王待若师友"（《新唐书》本传）。王维多才多艺，精通音乐、书画，明代董其昌推崇他为南宗山水画的开创者。唐代宗时，其弟王缙辑录其诗400多篇，编为10卷，清人赵

传为唐代王维作《雪溪图》

殿成也著有《王右丞集笺注》，并附以年谱。

王维是盛唐时期著名的诗人，他的山水田园诗对唐诗发展作出了重要贡献。

盛唐时，王维在初唐诗人宋之问辋川山庄的基础上营建园林，因其位于辋川山谷（今陕西兰田西南），故称"辋川别业"。他曾与友人裴迪在山明水秀的辋川赋诗唱和，为辋川二十景各写一诗，结为《辋川集》。王维《辋川集》中的诗作空灵隽永，如精致的绘画小幅。

王维是中国封建社会既清高又软弱的士大夫典型，他既不满于社会现实，又不敢进行抗争，只能洁身自好，过着亦官亦隐的田园生活。他既没有李白的叛逆精神，也缺乏杜甫忧国忧民的襟怀。他一生创作了许多田园山水诗，代表了盛唐山水诗的最高成就。

苏轼在《书摩诘蓝田烟雨图》中说："味摩诘之诗，诗中有画，观摩诘之画，

传为唐代王维作《雪景图》

画中有诗。""诗中有画"正是王维山水诗最突出的艺术特色，意即用文字的描绘来代替色彩线条，展现出具有诗意的画面，使诗情和画意达到高度统一。他的诗中较少使用"怜""爱"等纯主观的词语，而是再现一幅幅客观的画面，化景物为情思，使诗意透过画面自然流淌。

王维善于用清新的笔调、匀润的色彩细致入微地描绘山水田园中清灵、优美的意境，并表现自己怡情其中的不尽乐趣。如《白石滩》："清浅白石滩，绿葵向堪把。家住水东西，浣纱明月下。"描写少女月下浣沙的情景，青嫩的绿葵、银色的月光、透明的轻纱、清浅的溪水，构成一幅色泽柔美、生机盎然的图画。而《木兰柴》："秋山敛余照，飞鸟逐前侣；彩翠时分明，夕岚无处所。"又将秋日傍晚夕照与飞鸟交相辉映、动静结合的美景表现出来，非常动人。但王维的创作并不仅仅着眼于形似，而是追求一种传神的艺术效果，他的诗不仅形象生动鲜明，而且善于传达出只可意会的山水精神气象。如《鹿柴》"空山不见人，但闻人语响"以空旷的山谷中回响的人声衬托出空山的寂静，耐人寻味。

由于母亲的影响，王维从小就有着崇佛思想。中年后，更将自己的身心沉浸在佛教的精神王国中以求得超脱。佛教中有通过"禅定"的方式来体悟佛理的做法，要求人们摒弃尘念，浑然忘我，久而久之，即可达到身心安适自如、观照明净的状态。由于王维的心境极为淡泊、虚静，所以对自然山水最神奇、最微妙的动人之处，往往有种特别的会心。当他把这种领悟通过诗歌表现出来，就呈现出一种空灵清静的禅悦之境。如"木末芙蓉花，山中发

红萼。涧户寂无人，纷纷开且落"（《辛夷坞》）。"人闲桂花落，夜静春山空。月出惊山鸟，时鸣春涧中"（《鸟鸣涧》）。在深山中、幽涧旁，诗人全身心都融入花草山水的自然状况中，在勃勃生机之下隐藏着情感的孤寂和清冷。

"周家样"派画仕女

以中唐画家周昉为代表的"周家样"是具有影响的一派绘画风格，和吴家样一起它们代表了同属于中原地区具有时代特色的两种风格。周家样派以中唐周昉为代表人物，其后有一批描绘宫苑人物的南唐画家。但周家样派实际还包括了初、盛唐一批以描绘贵族仕女生活的画家。其中知名的杰出艺术家如张萱和韩干，他们曾给周昉以很大的影响。

张萱及其以前的表现贵族妇女生活的作品，已逐渐形成"秾丽丰肥"的风格。他的代表作《捣练图》和《虢国夫人游春图》反映了当时的社会现实。人物间相互关系生动而自然，疏密有致，神情从容，仪容端丽。他既重视人物形象的塑造，又注意到富有情趣的细节，人物欢愉活跃。

周昉是继张萱之后以表现贵族妇女著称的画家。

周昉生卒年不详，出身贵族，字景玄又字仲郎，京兆（陕西省西安市）

大唐文化的奇葩

唐周昉《簪花仕女图》。绢本设色。周昉（约公元八世纪），字仲郎，（《历代名画记》作景玄），京兆（今陕西西安）人。官至宣州长史。能书，善画人物、佛像，尤其擅长画贵族妇女，早年效仿过张萱，后来加以变化。笔法劲简，用色柔丽。《簪花仕女图》传为周昉所作，取材当时贵族仕女游乐的典型生活。丰颊厚体的形象，打扮艳丽入时，用同时代的大诗人元稹、白居易的题咏之作进行验证，悉合符节。此图不作概景，仕女、白鹤等几乎作等距离安排，画后以辛夷花点缀，时代特征显著，是一幅具有典型的唐贞元年间贵族风尚的真实写照。它不仅显示了唐代绘画艺术的光辉，而且是形象反映历史的一面镜子。

人。关于周昉，见于记录的最早活动时间是 766~779 年间，最后活动时间是785~804 年间。他的仕女画初效张萱，后则小异，具有用笔秀润匀细，衣裳劲简，色彩柔丽，人物体态丰厚的特点。由于他生活在唐朝经过安史之乱后由盛而衰、社会矛盾日渐尖锐的时候，所以他笔下的妇女已不同于张萱作品中的一团欢愉之气。人物虽然装饰得花团锦簇，但掩饰不住内心的寂寞和空虚，仿佛沉湎在一种百无聊赖的心态中，茫然若失，动作迟缓。他的传世仕女图著名的作品有《纨扇仕女图》《簪花仕女图》，线条秀劲细丽，铺排穿插工整有致，竭其骨法用笔的传神写貌之能事，赋色柔丽多姿。结构井然，布势合度，或坐或立，或正或侧，或聚或散，均经过悉心推敲。《纨扇仕女图》对于了解"周家样"的内在意蕴具有重要意义，画家通过妇女丰肥秾丽的仪态，刻画了不同人物的性格与情思。宫廷妇女秀丽的外表透露出内在的悲寂心绪，绚丽的画面掩饰不住透过纸背的空虚和无奈。

周昉有"画仕女，为古今冠绝"的美誉。他的画风在后代仕女画尤其是工笔重彩仕女画作品中得以发扬。供职南唐画院的画家，大都仿效周昉风格，他们以描绘宫苑人物见胜。画家周文矩的《宫中图》画妇女童子 81 名，"体近周昉而纤丽过之"，是对周家样笔法的吸收再创。

周昉除了善画仕女，在佛像画方面也别树一帜。他首创美丽端庄的"水月观音"，成为历代画家沿用的形式，有"周家样"之誉。

国子监复学

永泰二年（766）正月，国子监招生复课。

唐初，国子监下设国子学、太学、四门学、律学、书学和算学等六学。自安史之乱以来，国子监堂室颓坏，士兵往往借居其中。国子监祭酒肖昕上言，认为学校不可废除，代宗于是下令复补国子学生。大历元年（766）二月一日，朝廷在国子监举行祭奠礼，命令宰相和鱼朝恩带领文武百官前往听讲，以百官子弟为国子监学生。鱼朝恩受命在释奠之日讲授经文。他手执《周易》，高座在上，讲叙"鼎折足，覆公疏"以讥讽宰相。王缙听后大怒，而元载却怡然自得。鱼朝恩对人说："怒者是常情，而笑者不可测。"八月，国子监整修完毕，在监内再次举行了祭奠之礼。

储光羲作山水田园诗

储光羲，唐代诗人。润州延陵（今江苏丹阳）人。开元十四年（726）进士，仕宦不得意，隐居终南山的别业，后出山任太祝，世称储太祝。安史之乱，叛军攻陷长安，被俘，迫受伪职，后脱身归朝，贬死岭南。

储光羲以描写田园山水的诗著名。如《牧童词》《钓鱼湾》等，风格朴实，将细致缜密的观察寓于浑厚的气韵之中，在表现闲适情趣之时，也描绘了一些农村的现实，具有比较浓厚的生活气息，让人感觉真切。如《同王十三维偶然作十首》其一"仲夏日中时，草木看欲焦。田家惜工力，把锄来东皋。顾望浮云阴，往往误伤苗。归来悲困极，兄嫂共相浇。无钱可沽酒，何以解劬劳。夜深星汉明，庭宇虚寥寥。高柳三五株，可以独逍遥。"勾画了农家渴望天雨、仰望飘浮在天空的云朵的急切神情，生动感人。

元结诗作富于现实性

元结（719~772）唐代文学家。字次山，自号猗玕子、浪士、漫郎、聱叟、漫叟，郡望河南人，世代居住在太原，后移居鲁山（今河南鲁山），天宝十二载（753）中进士。安史之乱爆发后，举家南迁。乾元二年（759），元结经苏源明推荐，被召入长安，历任右金吾兵曹参军、山南东道节度参谋、道州（今湖南道县）刺史、容管经略使及左金吾卫将军等职。他曾组织义军，抗击史思明叛军。他反对形式主义诗风，提倡质朴淳厚。乾元三年（760），元结编成《箧中集》一卷，收录沈千运、孟云卿等7人的五言古诗24首，体现了他反对"拘限声病，喜尚形似"的宗旨。他的诗代表作有《春陵行》《贼退示官吏》等。元结的文章短小精悍，代表作如《丐论》《化虎论》《恶圆》等，对韩愈、柳宗元都有一定影响。

天宝五载，元结写下《闵荒诗》，借"隋人冤歌"的形式描写他目睹的运河灾情，以隋炀帝亡国的历史教训规讽时政："奈何昏王心，不觉此怨尤。遂令一夫唱，四海忻提矛。"具有强烈的现实批判精神。后来，他又创作新题乐府《系乐府十二首》，其中《贱士吟》《贫妇词》《去乡悲》《农臣怨》等都是讽谕现实之作。他在道州任上所作的《春陵行》和《贼退示官吏》二诗，曾受到杜甫的高度评价，称其为"道州忧黎庶，词气治纵横。两章对秋月，一字谐华星"（《同元使君春陵行》）。当时道州人民饥寒交迫，挣扎在死亡线上，而朝廷征敛却变本加厉，元结对此十分愤慨，他在《贼退示官吏》中写道："使臣将王命，岂不如贼焉？今彼征敛者，迫之如火煎。"以国家"使臣"与山林盗贼中对比，写出"贼"是时代动乱、民不聊生的产物，"官不如贼"才是最令人悲愤的社会现实。元结这种因事生感、以诗议政的手法和浅易质朴的语言都给后世现实讽谕诗人以极大启发。

元结诗作的现实性另外还表现在，他继承《诗经》、乐府传统，主张诗歌为政治教化服务，要"极帝王理乱之道，系古人规讽之流"。认为文学应当"道达情性"，起"救时劝俗"的作用，并慨叹"风雅不兴""文章道丧"，批评文坛"拘限声病，喜尚形似"的不良习气。

元结的散文创作也值得重视，他写了许多杂文体的散文，如《丐论》《处规》《出规》《恶圆》《时化》《世化》《自述》《七不如》等篇，或直抒胸臆，或托物讽谏，都出于愤世疾俗，具有揭露世间伪诈、鞭挞黑暗现实的战斗功能。艺术上则短小精悍、笔锋犀利、逼真生动、发人深省。元结的其他散文如书、论、序、表、状等，也都刻意求古，意气超拔，和当时风靡一时的骈俪文风不同。许多论者认为他是韩柳古文运动的先驱。

吐蕃重修敦煌壁画

建中二年（781），吐蕃赞普接受了沙州抵抗力量的条件，开始管辖敦煌，到八世纪末，吐蕃王朝派吐蕃高僧监理佛教事务，扩充佛寺，广度僧尼，并为敦煌各寺院配备土地、寺户（寺院奴隶），使敦煌寺院经济空前发展。这一时期在石窟数量上虽只存留了44个，但在内容、形式、技法上都进入了一个新阶段。原来盛唐时期洋洋壮观的每壁一幅经变，现在出现了每壁画多种经变，而且在每壁五分之二的壁面画屏风，在屏风内画上部经变的名品和譬喻故事。这种形式，除了黑暗的现实社会需要有更多的"神"用以祈求礼拜之外，也还要考虑这种镶嵌在花边内的"画帧"栉比罗列的形式，应与吐蕃族佛事活动中的装饰方法有关，虽然在内容、造型与表现细节上，仍是沙州艺术传统的继续，但是石窟里的经变组合与艺术气氛明显地反映出它已经是另外一种社会制度生活方式下的产物。

吐蕃时代出现了不少名作，如一五八窟涅槃像后，东、西、北三壁画比丘与各族国王举哀图，像逾等身、形象生动、用笔如长枪大戟，磊落恣纵，各类年龄的比丘闻释迦圆寂，号啕恸哭，悲伤哽咽，有的昏迷闷绝，如丧考妣，曲尽哀伤。比较典型的吐蕃时代洞窟首推112、231、237、359、360、361等窟，吐蕃时期壁画艺术的特点是画风细腻，用笔精到，例如112窟，不独以"反弹琵琶"著称于世的《观无量寿经变》《金刚经变》画得造型优美、形象动人，就是《报恩经变》中的"鹿母夫人"这样的边角小景，也意境深远。159窟是吐蕃时代晚期的杰作，《文殊变》《普贤变》又是此窟壁画引人入胜的代表，

敦煌吐蕃时期《反弹琵琶》。琵琶是西域传来的乐器，莫高窟北凉时期
壁画《天宫伎乐》中已出现。作为舞者的舞具在唐代壁画里见得最多。
弹的方式各种各样，有横抱的，有竖抱的，也有反弹的。此图是莫高窟
反弹琵琶而舞的所有造型中最优美的，反映了唐代现实生活中舞乐者精
湛的技巧，至今犹为人们所喜爱。

085

大唐文化的奇葩

敦煌壁画题记

以青绿为基调的画面，组织了那样多眉目秀丽、神情怡怡的人物。这些雍容雅隽、风姿潇洒，环绕在乘座青狮、白象周围的菩萨群体，或奏乐、或舞蹈、或执幡、献花、进香，无不动静有致、顾盼多情、大如狮、象乘舆的动向，小至人物手脚的细节，处处引人注目，经久耐看，甚至连衣带的飘拂，流云的飘动，华盖的摇曳，都是经过惨淡经营，潜心思索，力求与整幅画面统一和谐，这两幅画代表着九世纪上半期敦煌艺术抚精探微所能达到的水平。

大历十一年（776）吐蕃王朝管辖瓜州，建中二年（781）沙州陷落后，就将河西走廊西部的政治中心移至瓜州，今安西榆林窟尚有一些吐蕃时代的壁画，第二十五窟是较为典型的代表，此窟是八世纪后期一位高手所绘，东壁画密宗菩萨，南壁画《观无量寿经变》，北壁画《弥勒下生经变》，西壁门两侧画《文殊》《普贤》，前室东壁门两侧画南北《天王》，各壁笔墨精审，线描遒劲有力，人物建筑严丽典雅，山水林木适目适情，结构布局，气象不凡。

在吐蕃统治时期，由于寺院经济空前发展，因而有丰富的物质基础来开凿石窟，支持画师们在艺术方面进行探索与追求。莫高窟的这些壁画是汉藏两族人民在一千一百多年前在佛教艺术领域里的合作的结晶。

怀素去世

唐贞元元年（785），著名书法家、僧人怀素去世，享年60岁。

怀素，本姓钱，字藏真，长沙（今湖南长沙）人。他热爱书法艺术，虚心求教，勤奋刻苦。史书上载，他因为练字而写坏的秃笔可以堆成一个小土堆。为了练字，他还种植了许多芭蕉，用蕉叶代纸。

怀素的书法以"狂草"著称。他继承了和发展了张旭的风格，二人并称为"颠张醉素"。怀素喜欢饮酒，喝到兴头上，运笔书写，写出的字如同飞动圆转，好似骤雨旋风，虽然有许多变化，却不失一定的法度。

怀素的书法开了一代新风，对后世有巨大的影响。他的存世书迹有《自叙》《苦笋》等帖。另外《四分律开宗记》也是他所著。

大唐文化的奇葩

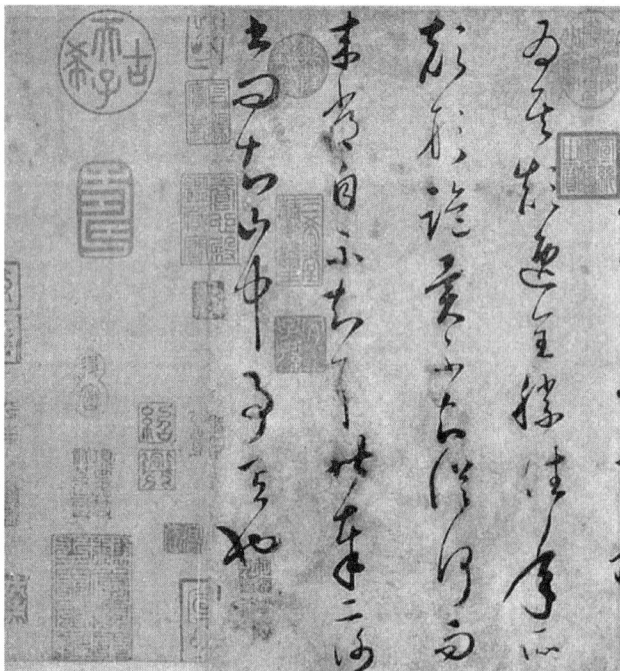

释怀素《论书帖》

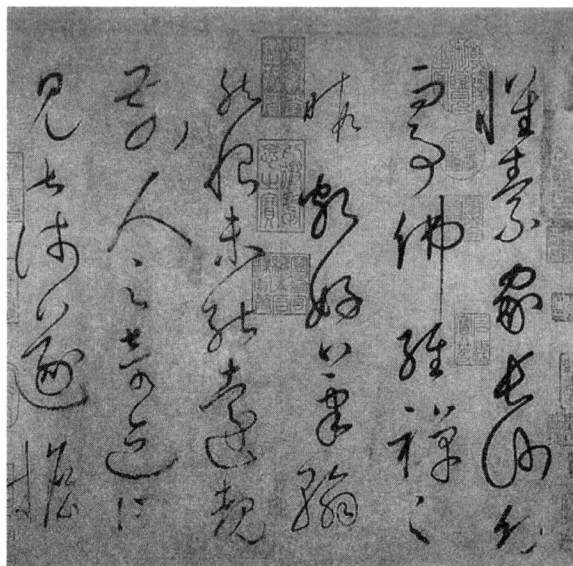

释怀素《自叙帖》。纸本。
怀素擅长草书，性疏放不拘
细行，酒酣兴发，遇寺壁里
墙、衣服器皿无不书写。《自
叙帖》为狂草，用笔宛转自
如，刚劲有力。字的形体结
构极富变化，是怀素狂草的
代表作品。

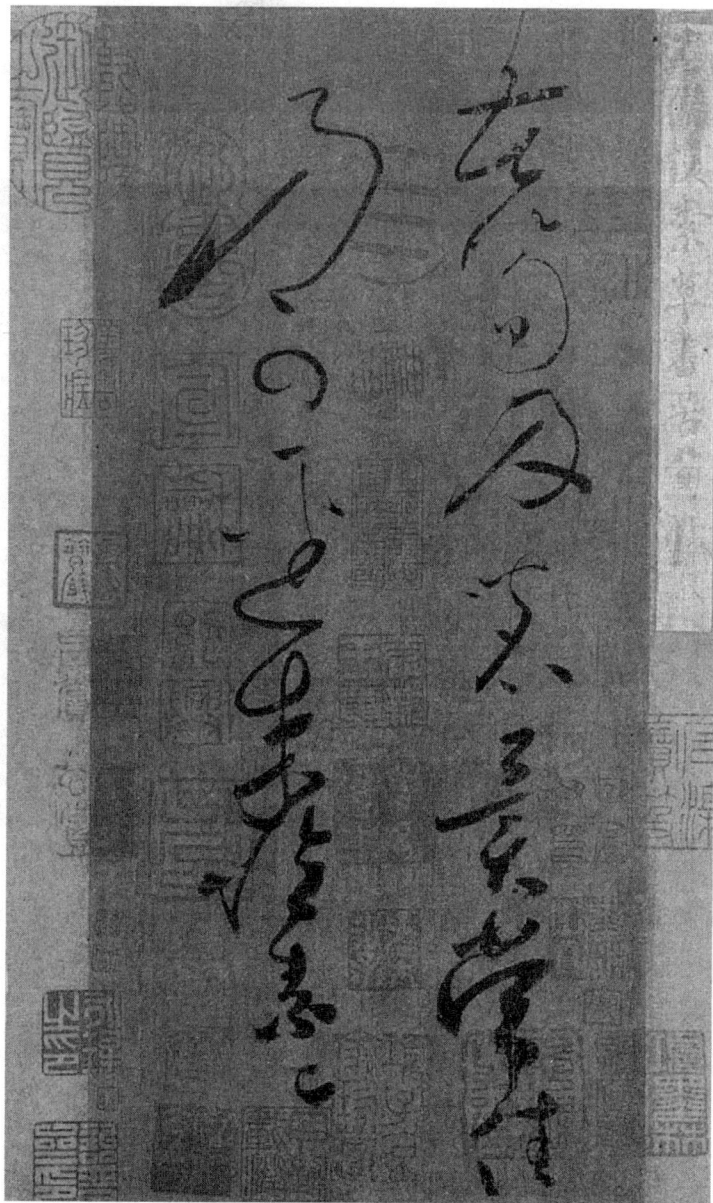

释怀素《苦筍帖》。怀素与张旭齐名，时称"颠张狂素"。

颜真卿书法登峰造极

唐代书法可称中国书法艺术发展史上的顶峰，颜真卿是其中最具成就的杰出代表。颜氏书法堪称登峰造极。

颜真卿（709~785）字清臣，京兆万年（今陕西西安）人，祖籍琅琊临沂（今山东临沂）。开元进士。任殿中侍御史。为人刚正不阿，被杨国忠排斥，出为平原（今属山东）太守。安禄山叛乱，他联合堂兄抵抗，被推为盟主，合兵 20 万，使禄山不敢急攻潼关。历官至吏部尚

颜真卿《裴将军诗》（忠义堂帖）

书、太子太师，封鲁郡公。人称"颜鲁公"。德宗时，李希烈叛乱，他被派前往劝谕，为希烈缢死。颜氏自幼勤奋好学，颇具文学才华，后人辑有《颜鲁公文集》。

颜真卿书法早年受家庭和外祖家殷氏影响。初学褚遂良，后师事张旭，深得张氏书法之精髓。他又广学博引，从历代名家蔡邕、王羲之、王献之等书法作品中汲取养分，勤学苦练，融会贯通，创造了出类拔萃、雄伟刚劲、气势磅礴的独特风格，自成一体，被称为"颜体"，终成书法大家。他的楷书端庄雄伟、气势开张。用笔横轻竖重，笔力雄劲而有厚度。竖笔向中略有弧度，刚中有柔，富有弹性，力足中锋。结构方正茂密，方中有圆；行书遒

大唐西京千福寺多寶佛
塔感應碑文
南陽岑勛撰　朝議郎
判尚書武部貟外郎琅
邪顏真卿書　朝散大

颜真卿《多宝塔感应碑》

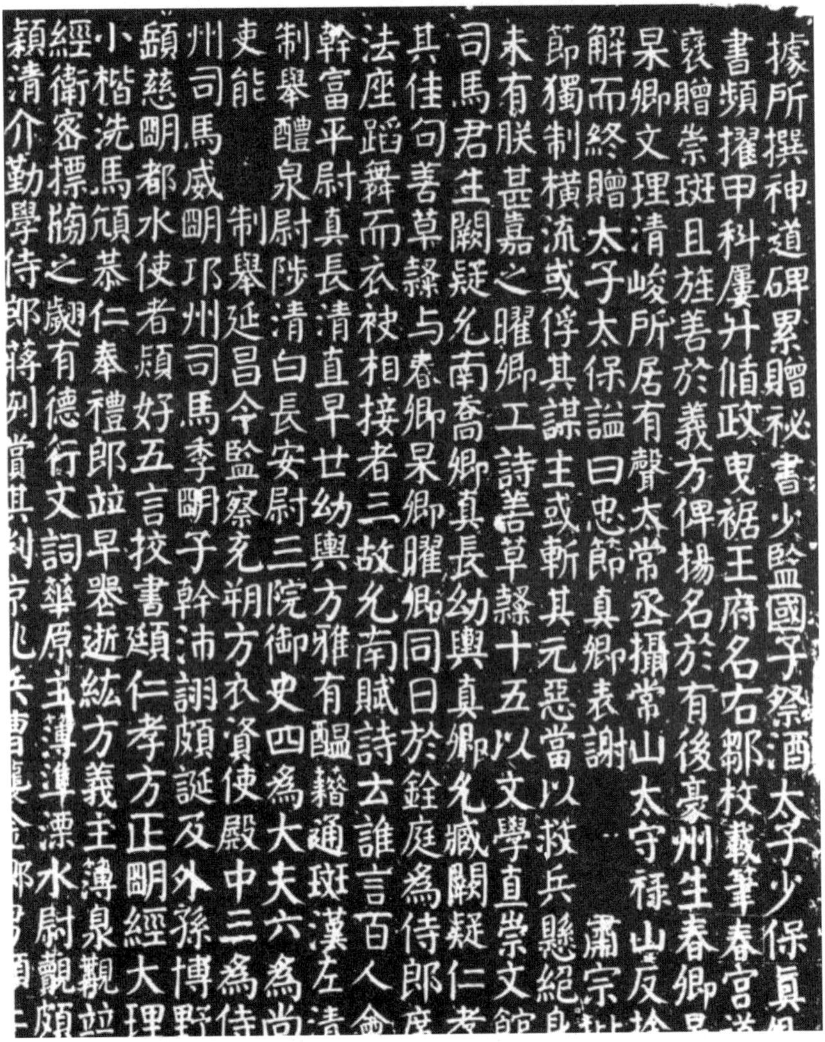

中华文明

大唐文化的奇葩

颜真卿《颜氏家庙碑》。为颜真卿 72 岁时所写，书法丰美健壮，气韵醇厚，是颜体代表作，素来被誉为中国书法艺术之珍品。

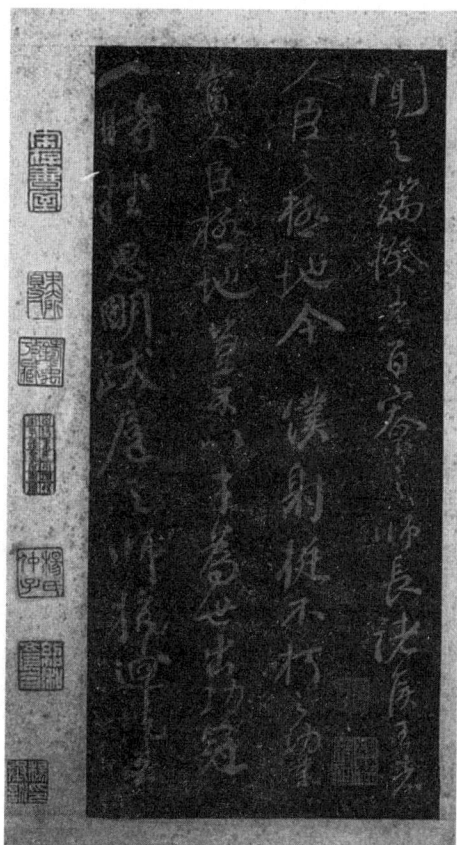

颜真卿《争座位帖》，
是颜真卿与郭仆射的
书信稿，行草书。

颜真卿《中兴颂》。《中兴
颂》摩崖书体雄秀独出，气
势豪迈。宋欧阳修《集古录》
说此崖刻石"书字尤奇伟而
古雅"。清王世贞评曰："字
画方正平稳，不露筋骨，当
是鲁公法书第一。"

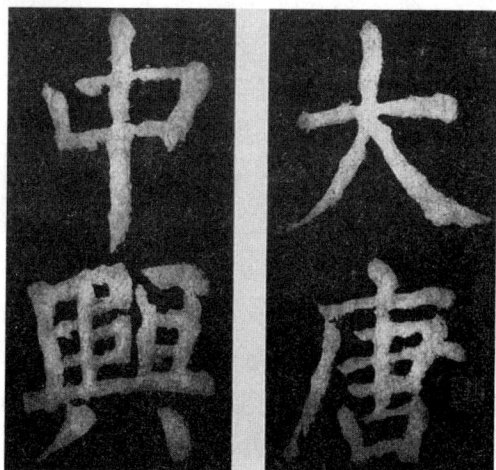

大唐文化的奇葩

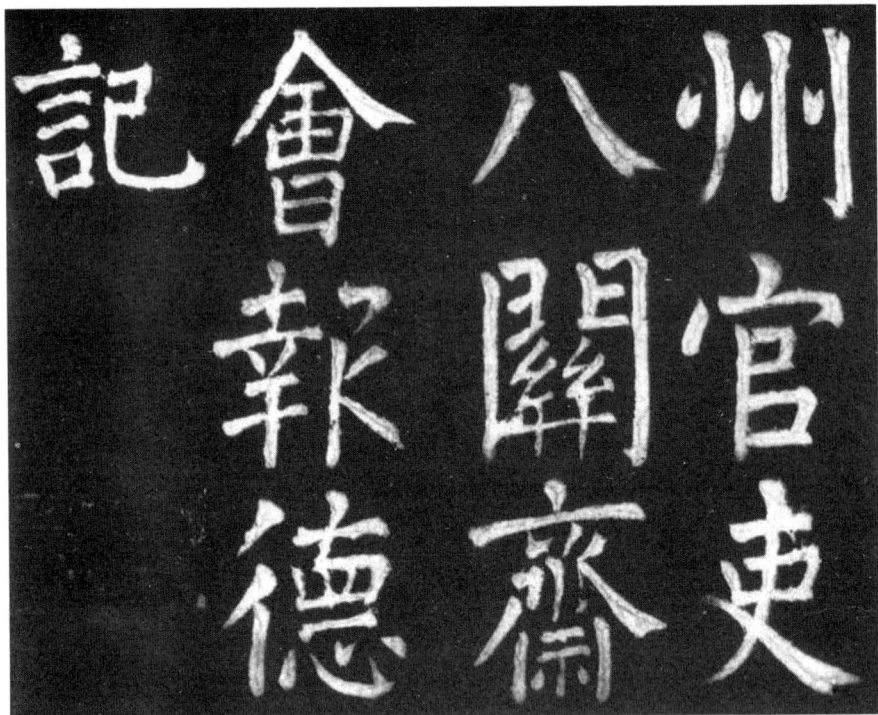

颜真卿《八关斋会报德记》

劲郁勃、凝练浑厚、纵横跌宕，用笔气势充沛、巧妙自然。使古法为之一变，
开创了新风气，对后世影响很大。与稍后的柳公权并称颜柳。因颜真卿书法
筋力丰满、气派雍容堂正，而柳公权书法曾受颜氏影响，偏重骨力刚健，故
又有"颜筋柳骨"之称。颜真卿书法理论，传世的有《述张长史笔法十二意》。

　　颜真卿传世的书法作品较多，但真伪难辨。除《祭侄季明文稿》被公认
为真迹外，其余《竹山堂联句诗帖》《自书告身帖》《刘中使帖》《湖州帖》
等作品真伪尚有不同意见。颜氏一生书写碑石极多，保存至今的有：端庄整
密、秀媚多姿的《多宝塔碑》、清远浑厚的《东方朔画赞碑》、端正遒劲的
《谒金天王神祠题记》、雄伟健劲的《藏怀恪碑》、雍容朗畅的《郭家庙碑》、
富有韵味的《麻姑仙坛记》、开阔雄浑的《宋璟碑》（又名《宋广平碑》）、
气象森严的《八关斋报道记》、雄沉深厚的《元结碑》、持重舒和的《干禄字书》、
遒劲有力的《李玄静碑》等。摩崖石刻《大唐中兴颂》为颜真卿最大的楷书，

字体方正平稳，筋骨深藏不露。《颜氏家庙碑》与 1922 年出土的《颜勤礼碑》书法筋力丰厚，雄迈严整，为晚年代表作品。

颜真卿书法法帖很多。历代汇集的丛帖多有颜氏作品。单帖有《争坐位帖》、《奉使帖》、《送裴将军传》、《小字麻姑仙坛记》、《送刘太冲叙》等，内中最为著名者为《争坐位帖》。此帖为作者手稿，随手挥毫，跌宕起伏，笔墨淋漓尽致，为不经意之杰作。宋刻《忠义堂帖》则专门汇集颜真卿书法法帖，共收作品 45 种，仅传浙江省博物馆藏宋拓孤本。

颜真卿书法集古今之大成，在中国书法发展史上起到了承上启下的作用。是中国书法艺术的瑰宝，在中国书法发展上具有里程碑式的意义。

卢纶诗风格雄浑

卢纶（？~798 或 799），字允言，河中蒲（今山西永济）人，唐代诗人，大历十才子之一。

卢纶的诗，以五七言近体为主，多唱和赠答之作。但他从军时所写的诗，风格雄浑。如《和张仆射塞下曲》两首：“林暗草惊风，将军夜引弓。平明寻白羽，没在石棱中。”

唐蓝釉小罐

又 “月黑雁飞高，单于夜遁逃。欲将轻骑逐，大雪满弓刀”。歌颂将士的英武骁勇，诗风雄壮，情调慷慨，历来为人传诵。卢纶有些诗篇也反映了战乱后人民生活的贫困和社会经济的萧条，如《村南逢病叟》。而他前期所作的七律《晚次鄂州》，写南行避安史之乱的旅途夜泊心情和体验，真实生动，感慨深长。七言歌行《腊月观咸宁王部曲擒虎歌》描绘壮士与猛虎搏斗，写得惊心动魄，虎虎有生气。

“大历十才子”的诗多是唱和应制之作，歌颂升平，吟咏山水，很少反映社会的动乱和人民疾苦，也缺乏鲜明的艺术特色，唯卢纶与钱起之诗，艺术上尚有一定成就。卢纶之诗，更是以风格雄浑为人传诵。

大唐文化的奇葩

唐三彩贴花纹龙耳瓶

皎然著《诗式》

皎然是唐代诗僧。生卒年不详。俗姓谢，字清昼，吴兴（今属浙江）人。南朝谢灵运十世孙。活动于大历贞元年间。《诗式》为其诗论专著，是当时诗格一类作品中较有价值的一部。

书中对沈约"酷载八病，碎用四声，故风雅殆尽"的声病说进行了批判；并崇尚谢灵运"真于情性，尚于作用，不顾词采，

《唐六典》。记一代典章制度的专史称"会典"。

而风流自然"的作风；但也注重苦思锻炼："取境之时，须至难至险，始见奇句；成篇之后，观其气貌，有似等闲，不思而得，此高手也。"他谈诗有七至："至险而不僻，至奇而不差，至丽而自然，至苦而无迹，至近而意远，至放而不迂，至而状易。"主张自然与功力的结合，具有一定的辩证因素。另外他还主张继承与革新相结合，认为："作者须知复变之道，反古曰复，不带曰变。"并论出了诗歌具形象思维特征的表现手法："取象曰比，取义曰兴，义即象下之意。凡禽宣草木人物名数，万象之中义类用者，尽义比兴。"他在谈各种

唐六屏式仕女。此画作六屏式，每幅以红框相隔，自成画面，但彼此又似乎有呼应。

风格意境时说明，首先标取境"高"、"逸"，最后说："静，非如松风不动，林狖未鸣，乃谓意中之静。远，非如渺渺望水，杳杳看山，乃谓意中之远。"《二十四诗品》颇受此种艺术旨趣的影响。

皎然的论诗著作还有《诗议》和《诗评》，但分量均不及《诗式》，但有些论述颇值得留意。《诗议》说："境象非一，虚实明。"认为"可睹而不可取，景也；可闻而不可见，风也；虽系乎我形而妙用无体，心也；义贯众象而无定质，色也。"宋代严羽的"空中之音，相中之色"说显然沿此线索而下。

《诗式》流传有 1 卷本与 5 卷本两种，《历代诗话》所收为 1 卷本。《诗议》、《诗评》有《诗学指南本》。

韦应物继承山水诗传统

盛中唐之交，韦应物以其特殊的风格作诗坛上引起重视。

韦应物（737~792 或 793）长安人。自天宝十载（751）至天宝末，以三卫郎为玄宗近侍，常出入宫闱，扈从游幸。安史乱起，玄宗奔蜀，他流落失职，始立志读书。贞元元年（785），为江州刺史。贞元四年，入朝为左司郎中。次年出为苏州刺史，与顾况、秦系、孟效、丘丹、皎然等均有唱酬往来。贞元七年退职，寄居苏州永定寺。

韦应物诗中最为人们传诵的是山水田园诗。后人每以"陶韦"或"王孟韦柳"并称，把他归入山水田园诗派。他的山水诗如《淮上即事寄广陵亲帮》："秋山起暮钟，楚雨连沧海"，在描绘江上暮雨钟声、独鸟归飞的景色之中，传达出对亲友的怀念之情。他如"漠漠帆来重，冥冥鸟去迟"（《赋得暮雨送李胄》）、"寒雨暗深更，流萤度高阁"（《寺居独夜寄崔主簿》）、"绿阴生昼静，孤花表春余"（《游开元精舍》）、"乔木生夏凉，流云吐华月"（《同德寺雨后寄元侍御李博士》等，写景优美细腻，能传达出人所不易说出的感受。又如《幽居》："微雨夜来过，不知春草生。青山忽已曙，鸟雀绕舍鸣。"清新自然而饶有生意，兴寄深微。他的田园诗和盛唐王维、孟浩然之作已不同，实质渐为反映农民疾苦的政治诗。《滁州西涧》中的"春潮带雨晚来急，

野渡无人舟自横"，写景如画，甚为后世称许。

韦诗成就最高的是五言古体，风格冲淡闲远，语言简洁朴素，但韦诗也有秾丽秀逸的一面，所以宋濂说韦诗"一寄秾艳于简淡之中"（《答章秀才论诗书》）。韦应物向往陶渊明，他的五古主要是学陶，但在山水写景等方面，也接受了谢灵运、谢朓的影响。

韦应物还有一部分诗篇，充满慷慨悲愤的感情。在《睢阳感怀》中，斥责贺兰进明不肯解救睢阳之围，歌颂张巡坚守孤城，忠贞不屈。在《广德中洛阳作》里，对唐王朝的官军和回纥兵在收复洛阳后大肆抢掠表示莫大的愤慨。

郊寒岛瘦

孟郊和贾岛是中唐著名诗人，他们都以苦吟著称，诗中又多苦语，苏轼称之为"效寒岛瘦"（《祭柳子玉文》）。

孟郊（751~814），字东野，湖州武康（今浙江德清）人。他一生困顿潦倒、官场失意，被韩愈称为"穷者"，他性情耿直，不愿随波逐流，有时难免狭隘。

孟郊诗今存500多首，以短篇五古最多，没有律诗，多触及到社会现象矛盾。如《塞地百姓吟》、《长安早春》、《杀气不在边》、《伤春》等等。

孟郊像

艺术上更体现其诗的苦吟风格，它不蹈陈言，或擅长用白描手法，不用典故词藻，语言明白淡素，而又力避平庸浅易，如"慈母手中线，游子手上衣，临行密密缝，意恐迟迟归。谁言寸草心，报得三春晖"（《游子吟》）。又"天津桥下冰初结，洛阳陌上人行绝。榆柳萧疏楼阁闲，月明直见嵩山雪"(《洛桥晚望》)。又或"钩章棘句，掐擢胃肾"(《墓志》)，如"天地入胸臆，吁嗟生风雷。文章得其微，物象由我栽"(《赠郑夫子鲂》)。精思苦炼，雕刻其险。孟郊的苦吟，有时也是为了追求奇险，但主要还是为了使内容表现得更深刻警辟。孟诗的瘦硬，一扫大历以来的靡弱诗风，在文学史上影响很大，北宋江西派诗瘦硬生新风格的形成，便是受其影响。

贾岛（779～843），字浪仙，范阳（今北京附近）人。早年曾出家为僧，后得到韩愈赏识而还俗，一生仕途不畅。他擅长五律，苦吟成癖，自谓"二句三年得，一吟双泪流"(《题诗后》)。相传他早年在长安跨驴背吟"鸟宿池边树，僧敲月下门"一句，炼"推""敲"二字不决，误冲韩愈车骑。他的诗多描写自己清冷孤寒的生活境遇，情调哀残。他有一些苦吟而得的新奇之句，如"长江人钓月，旷野火烧风"(《剑客》)则是难得的好诗。贾岛以苦吟求工的诗歌在晚唐诗坛曾盛行一时，人们竞相模仿。然而，纵观贾岛之全部诗作，由于太偏重炼句，忽视整体的艺术创作，思想内容和艺术成就都远不及孟郊。

元稹撰《莺莺传》

贞元二十年（804），诗人元稹（779～831）创作的传奇爱情小说《莺莺传》在我国文学史上影响极大，给他带来了很高的声誉。

《莺莺传》，原题《传奇》，《太平广记》收录时改为《莺莺传》，沿用至今。又因其中有赋《会真诗》，亦称《会真记》。主要写张生与崔莺莺相恋并私订终身，后又将她遗弃的悲剧故事。元稹年轻时期亦曾有过类似张生那样一段经历，后人多以为张生的原型为元稹本人。崔莺莺的原型则说法各异，无定论。

小说文笔优美，刻画细致，成功地塑造了女主人公崔莺莺的形象。崔莺莺出身高门，思想行为均受封建礼教的规束。她有强烈的爱情渴望，却又只能深藏于心底，以致于有时作出完全违反自己本意的行动。她主动约会张生，张生来后，她却又"端服严容"，正言厉色斥责张生的"非礼之动"。数日

陕西周至县仙游寺全景。白居易正是在这里一气呵成，写就他那著名的长诗《长恨歌》。

之后，她忽然大胆地自动乘夜至张生住处幽会。这种矛盾和反复的过程，反映了她内心的犹豫、斗争以及最终背叛封建礼教的决心。然而，当她被遗弃后，却只是怅恨自怜，听凭命运摆布，而无法逃脱社会、出身、教养所套在她身上的精神桎梏，从而又表现出她思想性格中难以克服的软弱的一面。小说中张生是一个玩弄女性而毫无羞愧的封建文人，他对莺莺始乱终弃，是封建制度下醉心功名富贵的士子的真实写照。作者为他的卑劣无耻的行径辩解开脱，借其口大骂莺莺为"妖孽"、"不妖其身，必妖于人"。又从封建道德规范出发，称赞张生为"善补过者"。这些都影响了小说人物形象的前后一致性，造成了主题思想的矛盾。鲁迅评："篇末文过饰非，遂堕恶趣。"（《中国小说史略》）。但作品的客观艺术效果却使人不禁要同情莺莺的遭遇，而谴责张生的负心行为。

《莺莺传》写的是"才子佳人"的恋爱，深受文人喜爱，故事流传极广。宋以来有许多作品由它演变而来。较有名的有：宋代赵令畤的鼓子词《商调蝶恋花》，金代董解元的《西厢记诸宫调》，元代王实甫的杂剧《西厢记》，明代李日华、陆采各作有《南西厢记》等等。直至现今,《西厢记》已成为中国许多传统剧种的传统剧目,家喻户晓。

李贺被视为鬼才

李贺(790~816)是中唐著名文学家,是韩愈诗派中最有创造性的年轻诗人。李贺字长吉,福昌(今河南宜阳)人。他出身于没落贵族家庭,少有诗名。因犯文讳(其父李晋,"晋"与"进"同音)而被迫放弃进士试,后来只做过地位低微的奉礼郎。家境的贫困、卑微的官职、险恶的世态和孱弱的身体,加上作诗的呕心沥血,使他心力交瘁,年仅27岁即因病逝世。但他把诗歌创作当作一生的事业,终于在诗歌中获得了永生。

李贺诗歌的重要主题是抒发执著的人生追求和怀才不遇的悲愤。从"男儿何不带吴钩,收取关山五十州"(《南国十三首》)到"我有迷魂招不得,雄鸡一唱天下白。少年心事当拿云,谁念幽寒坐鸣呃"(《致酒

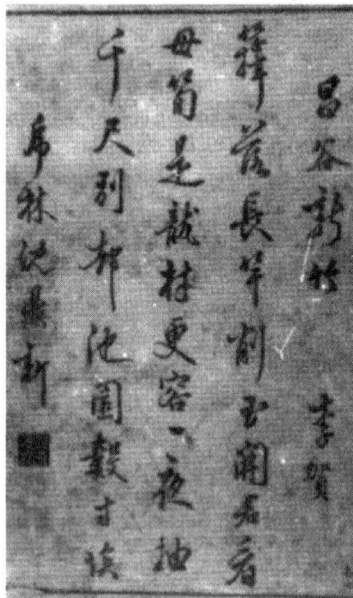

李贺《昌谷新竹》诗

行》),表现了建功立业、大展鸿图之志的破灭,使他成为一个只能"寻章摘句"的书生。这种无情现实给他带来的极大的精神痛苦。

为摆脱现实压迫,李贺执著追求幻想的自由,在幻想天地里任情驰骋,享受人世间不可希冀的幸福。他宁可希望神仙世界存在,并把它想象得无限美好。在《天上谣》中他构想出一幅充满花香鸟语、男女之爱的理想图画,充满人情味而又富于神奇色彩,表达他渴望超脱却又不能忘怀人生的矛盾心态。

由于年龄和经历所限,李贺的政治时事诗不多,但内容广泛。如《公无出门》描绘了仁人志士不容于世的现实画图;《猛虎行》影射藩镇割据;《吕将军歌》

唐代雄狮釉陶。两狮均能根据性别作出恰当的表现。作品小巧，民间趣味艺术浓厚，似为
小玩具之类。

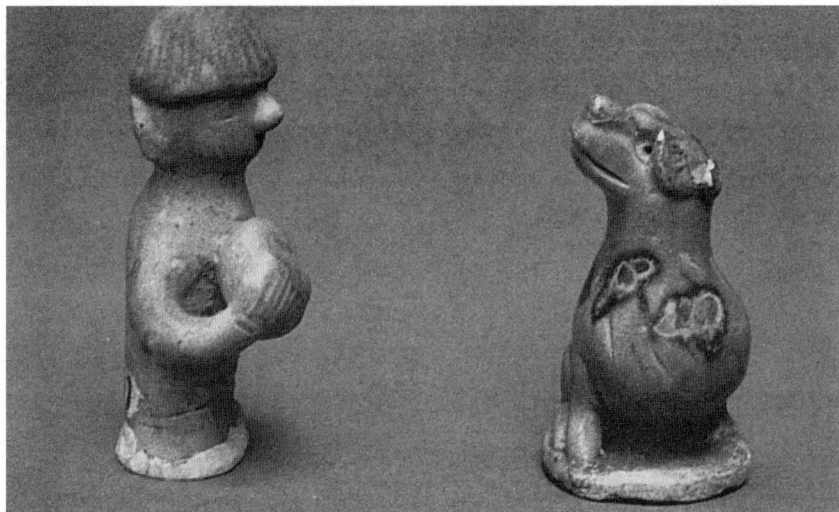

唐代孩童、小花狗釉陶。孩童头发如帽，脸圆扁，耳鼻皆大，身材短小，双手持球于胸前。
小狗踞蹲，昂首垂耳，眼为两小孔，身上有数处花斑。作品的塑作手法稚拙，作风清新可爱。

103

讽刺宦官监军；《老夫采玉歌》运用出奇的比拟手法描写采玉工人饥寒死去的悲惨情景，表达了作者对他们的深切同情。

杜牧指出李贺诗歌具有内容上"怨恨悲愁"和艺术上"虚荒诞幻"的特色，人称"鬼才"，他诗中的幻想意象，瑰怪奇诡，构思奇特，组接自由，具有浓烈的情感色彩和极大的主观随意性。他给想象中的事物赋予生命，以情感逻辑代替客观逻辑，他的笔下，铜驼可以流泪，"忆君清泪如铅水"（《金铜仙人辞汉歌》，金钗可以言语，"晓钗催鬓语南风"（《江楼曲》），浮云可以发生水声，"银浦流云学水声"（《天上谣》），也可以填满心事，"心事填空云"（《自昌谷到洛后门》），以"羲和敲日玻璃声"喻太阳（《秦王饮酒》），以"昆山玉碎凤凰叫，芙蓉泣露香兰笑"写箜篌乐声（《李凭箜篌引》）。李贺还善于营造幽凄阴冷的意境。《苏小小墓》中独创"草如茵，松如盖，风为裳，水为佩"的凄艳的幽灵世界。李贺刻意追求语言瑰美奇峭，用独创的语汇表现独创的意象，他善用色彩词汇，把特定气氛和情感注入景物的色彩中，融铸新奇意象，如"寒绿幽风生短丝"（《河南府试十二月乐词》）、"九山静绿泪花红"（《湘妃》）、"颓绿愁堕地"（《昌谷诗》）、"秋风吹小绿"（《房中思》）等，在不同氛围中，同一"绿"色便被赋予不同内涵，具有极大表现力。

李贺是以屈原、李白为代表的古典浪漫主义诗歌的继承者，他"笔补造化天无功"（《高轩过》）的创造精神和瑰奇幽峭的艺术风格对唐诗发展作出了独特贡献。但一些诗歌内容狭隘，情调感伤，表达晦涩。他创作中积极和消极的方面对晚唐李商隐、温庭筠等都有很大影响，后代刘克庄、谢翱、杨维桢、徐渭也学他"昌谷体"写诗。

柳宗元倡导古文

柳宗元（773～819），字子厚，唐代文学家、哲学家，河东（今山西永济）人，故称柳河东。又因官终柳州刺史而称柳柳州。他幼承母训，早年为文即有"奇名"；21岁中进士，后又登博学鸿词科。在朝为官时他参加了王叔文为首的政治集团，积极从事朝政革新。受到贵族大官僚和宦官的反对，革新短期内

广西柳侯祠旁的罗池和柑香亭

湖南零陵永州柳子庙外景

105

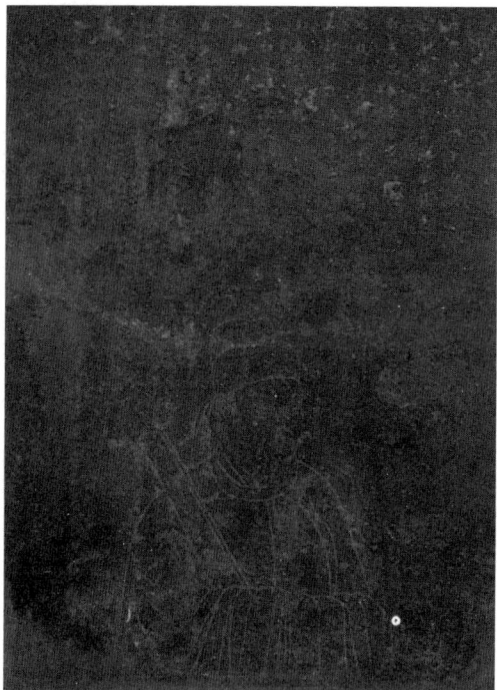

柳宗元石刻像（元代刻）

即告失败，柳宗元也被长期贬谪。先贬永州（今湖南零陵）司马；十年后又调任柳州（今广西）刺史，46岁时病殁。

柳宗元是"唐宋八大家"之一，与韩愈同为唐代古文运动的倡导者，在反对骈文、提倡古文方面倾注了大量心血。在文学理论方面，柳宗元高倡"文者以明道"，主张"道"应切实可行，有利于国计民生。与此相应，他主张文须"有益于世"，强调作品的现实意义；在艺术形式上，他既反对"贵辞而矜书，粉泽以为工，遒密以为能"的颓靡文风，也反对忽视艺术形式的偏向；他重视作家的道德修养，指出："文以行为本，在先诚其中。"凡此种种，构成古文运动理论的精华。

柳宗元更是以大量优秀作品投入古文运动。他被贬后在穷乡僻壤生活了十多年，目睹了下层人民的贫困和地方官吏的专横，体验了种种人生忧患，同时游览了当地的山水名胜。丰富的阅历使他的作品具有强烈的现实主义精神，深入反映了社会生活的许多重要方面，充分体现出"不平则鸣"的战斗性，同时在艺术上表现出极大的独创性。他的散文包括以下四方面：论说文，寓言小品，传记散文，游记散文。

柳宗元的论说文主要阐述了进步的唯物史观和批判黑暗的封建统治，表达他反对藩镇割据、维护国家统一的政治思想，其中著名的有《天说》《封建论》《非国语》等。这些文章充满批判精神，在中国思想史上亦有重要地位。

柳宗元贬官永州后，写了大量短峭精辟的寓言小品，深具警策教育意义。其中以《三戒》最为著名，描写了不分敌友的《景江之麋》、愚蠢自大的《黔

之驴》和自取灭亡的《永某氏之鼠》，深刻有力地讽刺了封建社会丑恶的人情世态。《蝜蝂传》也以寓言笔法生动刻划了一种贪得无厌的小爬虫式人物，影射那些"日思高其位，大其禄"的贪官污吏。这些寓言小品语言锋利简洁，风格严峻沉郁，在寓言文学的发展中很有影响。

柳宗元的传记散文较多描写下层普通人物，这是《史记》人物传记之后的一个发展，是作者与人民群众广泛接触的产物。在《捕蛇者说》中，通过描写捕蛇者宁可冒生命危险捕蛇，以求免除苛捐杂税之苦，控诉了比毒蛇还甚的封建暴政。《种树郭橐驼传》借民间种树方法，抨击了封建统治者政令烦苛对人民的干扰和奴役。《童区寄传》则描绘了一个 11 岁牧童勇敢机智的形象，同时揭露了当时社会人口贩卖的罪恶。这类传记散文在艺术上采用了典型化的手法，突出描写人物的重要方面，反映出丰富的社会内容。

柳宗元最著名的是他的游记散文，这些作品往往结合景物描写抒写个人的不幸遭际和对现实的不满：一方面以生动的笔墨模山范水，引人入胜；一方面把自己遭受政治迫害的坎坷经历和忧郁心情寄托其中，达到了情景交融的境界。以其代表作《永州八记》中的第三篇《至小丘西小石潭记》为例，二百多字的篇幅即有声有色地写出了清潭、藤蔓、游鱼、竹树动静交映、凄寒幽深的景色，传达出一种失意落寞的心境。柳宗元的游记散文把游记这一体裁发展到了一个新阶段，具有很高艺术成就，是人们千古传诵的示范之作。

柳宗元是中国文学史上杰出的散文大家，他更多地从创作实践上推动了古文运动，以风格含蓄凝敛、精密深刻的作品显示了散文在思想和艺术表现上的优越性，使骈文逐渐失去了在文坛上的统治地位。

柳宗元诗歌丰富多彩

柳宗元在散文方面素负盛名，在诗歌方面也卓然成家。他的诗大多是贬官永州、柳州期间所作。和散文一样，他的诗歌也反映了生活多方面的内容，堪称丰富多彩。

柳宗元诗歌中最多的是抒写个人遭贬谪后的悲愤忧郁和离乡别友的愁思。如他贬官柳州后寄给同遭贬谪的四位友人的那首著名的《登柳州城楼寄漳、

广西柳州柳侯祠

汀、封、连四州》，开头两句写边远地区荒凉偏僻的恶劣环境，衬托出诗人"愁思正茫茫"的心境；接着以"惊风""密雨"的近景描写托景寓意，流露出作者对时事及自身处境的忧伤；再下面"岭树""江流"的远景描写景中寓情，抒发了朋友间相望的殷切和相思的痛苦；最后以"共来百越文身地，犹自音书滞一乡"表现了孤独无奈的心情。其他如《别舍弟宗一》《酬曹使御象县见寄》等也是这一类诗的佳作。柳宗元还写了《跂乌词》《笼鹰词》《放鹧鸪词》等寓言诗，或托言禽鸟，或借用神话来自况身世，讽刺现实，表现了对当时政治的不满和对自己遭受打击的愤懑。这些诗与他的散文中的寓言小品如《三戒》等在构思方面有相似之处。

柳宗元也写了一些反映劳动人民生活、同情百姓疾苦的诗。如《田家》三首，是一组优秀的现实主义诗篇。其中第一首写了农民终日的劳累、终年的贫困、终生的无望，笔端透出劳作的艰辛和沉重；第二首写了农民尽输赋税后一贫如洗的情况，同时刻画了乡间小吏的跋扈凶狠。这些诗有着深刻的批判现实的意义。

柳宗元诗歌中艺术成就最高的是山水诗，后人把他与陶渊明相提并论，主要是以这类诗为参照。如《秋晓行南谷经荒村》，表现出超越宦海升沉仕途得失的旷达自适；《渔翁》一诗通过对渔人自由自在生活的描绘，传达了作者对"云无心以出岫"境界的向往；《江雪》一诗描写寒江独钓的超然，曲折地反映了作者高怀绝世的人格风貌。这些山水诗情致委婉深沉，流露出被贬飘泊的幽愤，同时显示出诗人清峻高洁的性格。

在艺术风格上，柳宗元的古体诗与近体诗有所不同。他的古体诗多描写自然山水，着力于字句的提炼，呈现出峻洁、澄澈的境界；而近体诗则写得情致缠绵，色彩绚丽，别具一格。

白居易作《长恨歌》《琵琶行》

元和十年(815)白居易被贬为江州司马，这是他人生的一个转折点。表面原因是白居易越职奏事，率先上书请捕刺杀宰相武元衡的凶手，得罪了当朝权贵，实际上真正的根源在于他平日所作的讽喻诗招致了当权者的忌恨，故借此机会打击报复。对此，白居易自言："始得名于文章，终得罪于文章。"

江州之贬使白居易"换尽旧心肠""兼济天下"的胸怀让位于"独善其身"的打算。他自责"三十气太壮，胸中多是非"，转而力求做到"面上灭除忧喜色，胸中消尽是非心"。他不愿再过问政治，但也没有辞官，而是选择了一条"吏隐"之道：挂一闲职，以诗、酒、禅、游自娱。即使后来奉召还京，为避开朝中朋党倾轧的恶劣政治环境，白居易还是请求放外任，以地方官为隐，远嫌避祸。在任杭州刺史和苏州刺史后，他又"求致身散地"，以太子宾客分司东都，在洛阳过着"似出复似处"的晚年生活。

与这一时期明哲保身、与世无忤的生活相适应，白居易此时所作多为描写闲静恬淡境界、抒发个人情感的闲适诗和感伤诗。他对这两类诗作了说明："又或退公独处，或移病闲居，知足保和，吟玩情性者……谓之闲适诗。又有事物牵于外，情理动于内，随感遇而形于叹咏者……谓之感伤诗"（《与元九书》）。由此可见这两类诗的特点。

白居易的闲适诗受到陶渊明、韦应物的影响，表现了对田园归隐生活的

大唐文化的奇葩

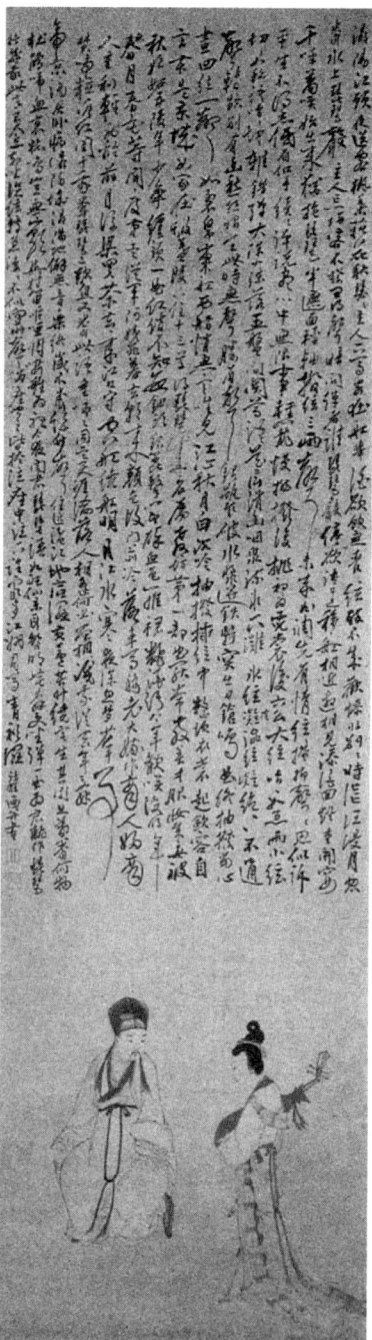

《琵琶行图轴》。唐代诗人白居易
（772~846）由长安被贬到九江途
中，在船上倾听一位长安故妓弹奏
琵琶，有感而作《琵琶行》。图为
明郭诩绘《琵琶行图轴》。

向往和洁身自好的志趣，不时还流露出省分知足、乐天安命的消极情绪。但也有一些较好的篇章，如《观稼》写道："饱食无所劳，何殊卫人鹤"，对自己的闲适感到内疚；《自题写真》道："况复刚猖性，难与世同尘。不唯排贵相，但恐出祸因"，从侧面反映出对现实的不满和走向闲适的无奈。他的闲适诗中还有一些描写田园风光和自然景物的佳作，如《田园三首》等。

白居易的感伤诗最出色的是长篇叙事诗《长恨歌》和《琵琶行》。前者为早年（元和元年）所作；后者便是外迁这一阶段的作品。这两首诗均达到很高的思想艺术水平，长期在人民中广泛流传。这一时期白居易还写了不少亲朋间酬赠往来的篇章，如《别舍弟后月夜》《江南遇天宝乐叟》等，感今伤昔，叹老嗟病，有浓厚感伤色彩。

白居易在内外迁调的时期虽然以"独善其身"为处世原则，但他的兼济之志并未完全消失，转而表现在力所能及的情况下为人民做好事。在杭州时，他主持修筑湖堤、疏浚水井，造福百姓；离开苏州时，人们泣涕相送，依依不舍。作为一个现实主义诗人，白居易始终心系民间疾苦。

韩愈作《师说》

韩愈(768~824)字退之，河南南阳人，唐代最著名的文学家、学者、思想家和教育家。曾任国子博士、国子祭酒、吏部侍郎及京兆尹等职。

《师说》是韩愈教育思想的重要代表作，也是中国古代第一部集中论述教师问题的名作。在继承《礼记·学记》中有关思想的基础上，韩愈总结自己的体验和实践，概述提炼出一套系统的教师理论，包括教师的作用、地位、任务、评价标准和师生关系等；同时抨击了当时社会上及学界的不良学风。首先，韩愈开门见地指出"古之学者必有

韩愈像

111

师"，认为从师学习是儒学教育的优良传统。即使是巫医乐师，百工之人也有可学之长。他又指出："人非生而知之"，在学问上，"无贵无贱，无长无少，道之所存，师之所存。"

作为教师，韩愈认为应该具备"传道、授业、解惑"这三方面的能力。并应在"教学相长"中不断提高自己各方面的能力，充分认识到"圣人无常师"，以及"师不必贤于弟子，弟子不必不如师"的教学辩证关系。这些是针对当时某些求师问学和为师教学者的心理障碍而发的议论，为后生学子突破陈规旧俗的束缚，充分培养和发挥自己的聪明才智开辟了道路。总之，在韩愈的教学思想中，最精彩的莫过于他对教师及师生关系的论述，可以和他"文以载道"的思想相提并论，成为韩愈的重大贡献。

韩愈以文为诗·风格独特

韩愈不仅在散文方面卓有成就，在诗坛上也独树一帜。他的诗歌创作与他的散文创作有着异曲同工之处，不仅某些思想内容一以贯之，在表现手法上，亦有明显的散文化倾向，这与他提倡儒学复古、反对骈文是一脉相承的。

韩愈写过不少现实意义较强的诗作，"不平则鸣"的文学观点在韩愈的诗中继续体现出来。如《汴州乱》《归彭城》等反映了藩镇叛乱事件，触及人民疾苦，在当时有批判意义；《谢自然诗》《送灵诗》等则表现了他反对佛老、斥责神怪迷信的态度；《山石》《八月十五夜赠张功曹》等诗则通过自己和朋友们怀才不遇或被贬的遭遇，抒发对当时黑暗政治的愤懑。

韩愈诗歌在表现手法上最突出的特点，便是"以文为诗"。他常常把散文的篇章结构、句式、虚词等用于诗歌写作中，使诗的形式散文化；又喜欢在诗中横生议论，有时通篇以议论为诗；还喜欢用赋的铺张雕绘方法，洋洋洒洒直陈其事。这些表现手法产生了一些风格独特的佳作；如《山石》，全诗以素描式的散文笔调，描写了山间的黄昏、夜景和晨景，处理光线明暗得当，点染色彩浓淡相宜，诗中画意盎然。又如《听颖师弹琴》，借用一连串形象生动的比喻，把音乐的起伏跌宕表现得酣畅淋漓、动人心魄。但是"以文为诗"也带来了一些弊端，如议论过多显得逞才使气，铺叙太甚显得累赘堆砌，

宋代苏轼书《昌黎伯韩文公庙碑》（残片）

这些都影响到诗歌意境的含蓄隽永。

　　韩诗的另一特点，便是追求奇特险怪。这与他在古文运动中主张"唯陈言之务去"、反对"沿袭"、"剽盗"的观点也是一致的。这种追求表现得当能给人以奇特雄伟之感，如《陆浑山火和皇甫湜用其韵》、《月蚀诗效玉川子作》等。而过分追求奇险则走向另一个极端，如《南山诗》采用汉赋排比铺张的手法，连用51个带"或"字的诗句和14个叠字诗句来表现终南山四时景色的变化和山势的形态，且搜罗光怪陆离的僻字，押险韵并一韵到底。这种近于玩文字游戏的表现方法，在艺术上没有积极的意义。

　　以文为诗和涉险猎奇构成了韩愈诗歌宏伟奇崛的艺术风格。独特的表现手法，既产生了许多佳作，也出现了一些败笔。但韩愈在中唐诗坛上的贡献是突出的：他一扫大历以来的平庸诗风，别开生面地创建了一个新的诗歌流派——与当时的"元白诗派"并驾齐驱的"韩孟诗派"，在当时和后世都有影响。

诗人元稹撰《承旨学士院记》

唐长庆元年（821），元稹撰成《承旨学士院记》一书。元稹，是穆宗时的翰林学士，很受穆宗宠信。只要是朝中大事，穆宗一定与元稹商议。后来他虽因阻碍裴度被降职，却仍像从前一样受宠。

元稹是个有才华的文士。长庆元年（821），他在担任翰林学士时，撰成了《承旨学士院记》。该书记载了唐宪宗任命郑䋝做翰林承旨学士的事和以后的15个承旨学士的姓名、官职、任免年月，以及翰林承旨学士的地位和任务，是研究翰林院制度的第一手资料。南宋时，该书被收入洪迈编纂的《翰苑群书》中。太和五年（831）元稹八月病逝。

元稹像

元稹一生诗作颇多，与白居易相唱合，世称"元白"。他为新乐府运动之中坚，与李绅、白居易等形成一通俗诗派，繁荣了中唐诗坛。

元稹的诗歌广泛反映观实，指斥时弊，愤世嫉俗。其艳诗及悼亡诗独具特色。元稹又是小说家，所作《莺莺传》为《西厢记》故事所取材。另有《元氏长庆集》传世。

《唐蕃会盟碑》刻成

唐长庆三年（823），《唐蕃会盟碑》在吐蕃逻些城（今拉萨）刻成。

安史之乱以后，吐蕃攻唐60多年，致使唐失去大片土地。双方的争战，也使人民深受战争之苦。后来，由于吐蕃发生内乱，国势渐渐衰落，因此就无力攻唐了。长庆元年（821）十月，吐蕃派使者祝贺穆宗（李恒）即位，接着又派专使要求会盟，表示和好的诚意。穆宗于是派宰相等大臣与吐蕃使者沦讷罗在长安西郊王会寺前会盟，约定双方各守现有边界，不相侵犯。会盟以后，穆宗派大理卿刘立鼎和沦讷罗一同前往吐蕃。

第二年（822）四月，唐朝使者刘立鼎到达吐蕃逻些城（今拉萨），五月

立于西藏大昭寺门前的唐蕃会盟碑

115

唐蕃会盟碑现立于西藏拉萨大昭寺。图右为碑的正面(汉蕃文对照),
图中、左为碑的侧面。

六日与吐蕃宰相笨阐布等大臣在逻些东哲堆园会盟。事后，吐蕃元帅尚塔藏当着唐朝使臣的面，召集吐蕃东部将领 200 多人宣读了盟文。

唐蕃会盟以后，双方信使往来频繁。为了表示永远和好的美好愿望，长庆三年（823），吐蕃在吐蕃逻些城刻成《唐蕃会盟碑》。这座高 1 丈 4 尺 5 寸的会碑，正面用汉、藏两种文字刻写着盟约全文，背面用藏文记述了吐蕃的起源、唐蕃会盟、和亲的经过和立碑的年月等。碑文称："唐朝皇帝与吐蕃赞普舅甥二主，商议社稷如一，结立大和盟约，永无渝替。"这座碑现在仍立于西藏拉萨大昭寺门前，是汉藏两族友好关系的史证。

韩愈主张文以载道

韩愈（768~824），即韩父公，唐代文学家、哲学家，河阳（今河南孟县）人。他自幼究心古训，关心政治；25 岁登进士第，29 岁步入仕途。在监察御史任上时，他因关中旱饥，上疏指斥朝政，请减免赋税徭役，被贬为阳山令；在刑部侍郎任上又因谏迎佛骨被贬为潮州刺史；后历国子祭酒、京兆尹及兵部、吏部侍郎。

韩愈一生政治上有作为，文学上成就更大。他思想上推崇儒家孔孟之道，倡导了唐代古文运动，提出了以"文以载道"核心的一整套文学主张，并身体力行创作了大量诗文，名列"唐宋八大家"之首。

古文运动的出现有着深刻复杂的社会背景，而直接原因则是因为六朝以来"饰其辞而遗其意"的骈文已经不能满足士人们宣扬儒学、表达政见的需要。于是韩愈发起了这场文体革新运动，在形式上反对骈文的僵化和雕琢，在思想内容上也与骈文的空洞浮泛背道而驰。这里所说的古文，既有古代散文的意思，还有古代道统（圣贤之道）的意义。韩愈明确表示："学古道则欲兼通其辞；通其辞者，本志乎古道者也"（《题欧阳生哀辞后》）。由此可见，学习古文的目的是弘扬古道。道是目的，文是手段；道是内容，文是形式。"志道"，即后来宋人所说的"文以载道"，是韩愈最重要的文学主张，也是古文运动的理论基石。它的进步意义在于强调了为文的思想内容，在客观上突破了纯粹圣贤之道的局限，给文学带来了活跃的生命力。

广东潮州西湖"景韩亭"

宋代刻本《韩昌黎文集》

围绕"文以载道"这一核心，韩愈还阐发了一系列文学观点。他强调作家的修养，指出"根之茂者其实遂""气之盛则言之短长与声之高下者皆宜"（《答李翊书》）。他重视文章的社会现实性，认为文学是从社会和时代的矛盾、斗争中产生出来的，"大凡物不得其平则鸣"（《送孟东野序》）。这一思想对他的散文成就影响很大，使他的文章在思想内容方面有了更广泛、更深刻也更现实的意义。在文章的表现方法上，韩愈也提出了具体要求，主张学古文应"师其志，不师其辞"，号召在继承传统的基础上加以革新创造，反对因袭模仿；在语言方面则要求"唯陈言之务去""文从字顺各识其取"。

韩愈不仅以其文学主张指导当时的文体改革，而且付诸个人的创作实践，他的散文在思想性和艺术性方面都有很高成就。他的三百多篇古文大致可分为论说文、叙事文和抒情文三大类，各有特色。论说文多以正统儒家的思想观点剖析各种社会现象，对时政及时弊提出批判性意见，突出地体现了他"文以载道"和"不平则鸣"的文学主张，是韩文中最有光彩的部分。这类作品的代表作有《原毁》《师说》《杂说四》《进学解》《送穷文》《送李愿归盘谷序》等名篇。叙事文往往文学性较高，刻划人物形象生动饱满，绘声绘色，著名的有《张中丞传后叙》《试大理评事王君墓志铭》等。抒情文则情感真挚充沛，抒写委曲，具强烈的艺术感染力，最突出的有《祭十二郎文》《与孟东野书》等。韩愈另有一些散文，构思奇特，寓意深长，带传奇小说色彩，如《毛颖传》等。

韩愈的散文气势充沛，雄奇奔放，富于曲折变化又明快流畅。苏洵说："韩子之文，如长江大河，浑浩流转。"由此可见韩愈散文的风格。在语言表达方面，韩愈堪称一代巨匠。他的散文语言简练、准确、鲜明、生动；他善于推陈出新，从古人语言和当代口语中提炼出精彩的文学语言，如"佶屈聱牙"、"蝇营狗苟"、"贪多务得"、"动辄得咎"等等，沿用至今，丰富了我国文学语言。韩愈还善于使用排比、夸张、比喻、对照等修辞手法；在句式、章法等方面，也有创造性的发展变化。

韩愈是司马迁之后伟大的散文大师之一，有"文起八代之衰"（苏轼《潮州韩文公庙碑》）的功绩。他不仅为散文创作奠定了理论基础，而且在创作实践上树立了典范，开创了内容充实、去尽陈言俗套、随自然语势自由抒写的一代新文风。

张籍作新乐府

大唐文化的奇葩

中唐时期，以张籍、王建为先导，在白居易、元稹的倡导下，新乐府诗歌得到了蓬勃的发展。

张籍（约767~830），唐代诗人，字文昌，原籍苏州（今属江苏），后迁居至和州乌江（今安徽和县乌江镇），贞元十五年（799），在长安考取进士。元和元年（806），他调任太常寺太祝。元和十一年（816），转任国子监助教，后又任秘书郎。长庆元年（821），受韩愈推荐，任国子博士，又任水部员外郎、主客郎中。大和二年（828），升任国子司业，因此世人又称之"张水部""张司业"。

新乐府，是针对旧乐府而言，指唐人自立新题而作的乐府诗，它的产生是与当时特定的社会历史阶段相适应的。贞元、元和年间，安史之乱已经过去，唐王朝正逐步走向衰落，社会各阶级之间的矛盾逐渐表现出来，对此，统治阶级也采取相应改良措施，以缓和社会矛盾，反映到当时的文坛上，就出现了白居易、元稹的新乐府诗派。新乐府诗派作为一种诗歌流派，具有其独有的特色。一方面，它明确规定新乐府诗的社会功效与讽世作用，主张诗歌要取材于社会生活，反映劳动人民的疾苦，揭露社会阴暗面，另一方面，诗歌风格要求通俗易懂，忌炫耀，忌浮躁，诗歌的形式要为内容服务。张籍所作的新乐府诗，正符合了上述诗歌特点，深刻揭露了当时社会上所存在的各种不公平现象，批判各种社会弊端。《野老歌》、《筑城池》、《山头鹿》直接描述了劳动人民所受的各种残酷的剥削和压迫，《求仙行》、《吴宫行》无情地嘲讽了统治阶级生活的荒淫奢侈与卑鄙愚蠢；《塞下曲》反映边疆士兵生活疾苦，极力反对穷兵黩武；《凉州词》指责边塞将领无力收复失地；《山农词》、《贾客乐》反映了商业经济的畸形发展所引起的富裕商人与贫苦农民之间的矛盾，《妾薄命》则对下层妇女所遭受的不幸表示了深深的同情。除以上讽世性的诗歌外，张籍还写了不少描写农村风俗习惯的诗歌，如《采莲曲》、《寒塘曲》、《江村行》、《樵客吟》等都表现了劳动人民的生活画面，包括采莲妇女、打鱼少年、农妇和樵客等等。张籍的乐府诗，一般是与王建同时被提及，并称"张王乐府"。

白居易作《与元九书》

白居易不仅以丰富的现实主义诗作推动了新乐府运动的发展，而且在诗歌理论方面为诗坛作出了独特的贡献。

在给好友元稹的书信《与元九书》中，白居易评点了前人和同时代人讨论中的进步因素，结合个人的创作经验，提出了现实主义诗歌的理论纲领；在《读张籍古乐府》、《新乐府序》、《策林》六十八、六十九等诗文中，亦反复阐述了新乐府运动的理论主张，形成一整套现实主义诗论。

白居易将诗歌的特殊教化作用放在首位，要求诗歌为政治服务，抨击社会弊端。《与元九书》说："文章合为时而著，歌诗合为事而作""上以补察时政，下以泄导人情"，强调了诗歌的批判现实功能和政治讽喻作

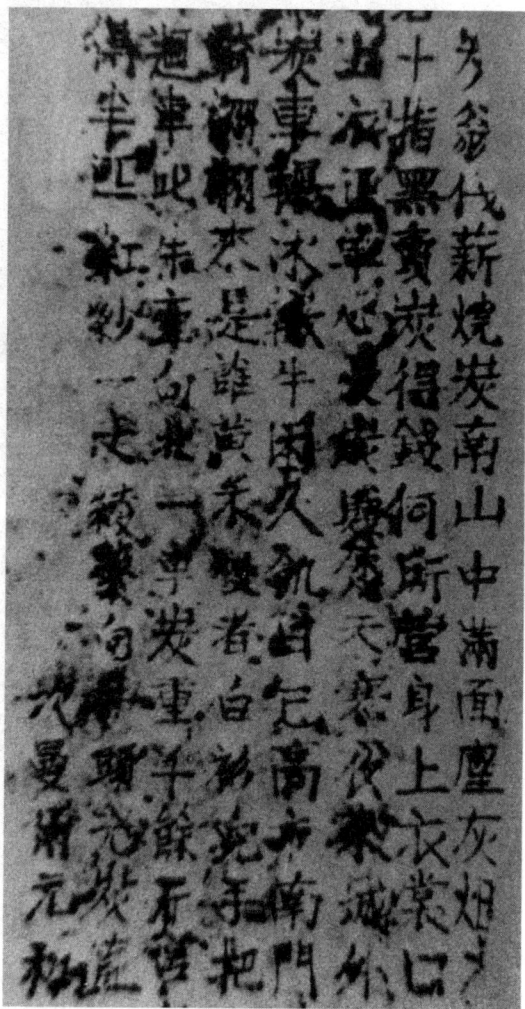

白居易《卖炭翁》诗拓片。新疆若羌县米兰故城出土。

《香山九老图轴》。一生同情民众而又无力改变现实的白居易，晚年退居河南洛阳龙门山东之秀山，筑石楼，自号香山居士，在与胡杲、刘真等九位老者宴饮仙游中了结残生。图为明周臣绘《香山九老图轴》。

用。针对当时的社会特点，他特别重视"为民"，认为诗歌应反映人民疾苦，"唯歌生民病"（《寄唐生》），"为君、为臣、为民、为物、为事而作，不为文而作"（《新乐府序》）。将诗歌与政治及人民生活紧密结合，是白居易诗论的核心，在此之前，没有人如此明确地提出这一点。

他在《与元九书》中彻底否定了六朝以来那种"嘲风雪、开花草"的绮靡颓废之风，自述"自登朝来，年齿渐长，阅事渐多，每与人言，多询时务"。由此可见白居易注重从现实生活中汲取创作源泉。《策林》之六十九也说："大凡人之感于事，则必动于情，然后兴于嗟叹，发于吟咏，而形于诗歌矣"，阐明了诗歌与生活的关系。

在诗歌的艺术表现方法上，白居易强调内容与形式的统一，要求形式服务于内容。所谓"根情、苗言、华声、实义"（《与元九书》），以果木为喻，形象地阐明了内容与形式的关系。具体要求诗歌应文辞质朴，表达清晰，内容真实，文字流畅，这与他"不求宫律高，不务文字奇"的主张是一致的。

蒋防作《霍小玉传》

蒋防，字徵（一作子微）。义兴（今江苏宜兴）人。长庆元年（821），从右补阙提为翰林学士。长庆末年，因李绅被逐而贬汀州刺史，后改连州刺史。善诗。《全唐诗》录其诗 1 卷。《全唐文》收其赋及杂文 1 卷。著有传奇小说《霍小玉传》。

《霍小玉传》写歌妓霍小玉和书生李益的爱情悲剧。李益在长安与霍小玉相恋同居，后向小玉发誓偕老而别。当李益做官后却变心易志，娶贵姓卢氏为妻。小玉得悉，愤恨欲绝，一病不起。侠士黄衫客挟持李益至小玉家中，小玉痛斥李益的薄情负心，誓言死后定化为厉鬼报复李益，终于气结而死。小玉死后李益果然疑其妻妾与他人有私，时刻受到猜疑与嫉妒情绪的困扰，闹得举家不得安宁。

《霍小玉传》是爱情题材传奇小说中最具思想光彩的作品。化鬼复仇的结局虽近荒诞，但表现出作者鲜明的爱憎，有很强的批判力。小说在反映唐代封建社会下层妇女被侮辱被损害的悲苦命运的同时，谴责了豪门士族品行的卑劣，赞扬了小玉不屈的反抗精神，控诉了封建门阀观念和等级制度。其艺术价值，前人给予极高的评价。明代胡应麟认为唐人小说纪闺阁事绰有情致，而"此篇尤为唐人最精彩动人之传奇，故传诵弗衰"（《少室山房笔丛》）。明代汤显祖演作戏曲《紫钗记》。

考进士停试诗赋

太和七年（833）八月，文宗下诏考进士停试诗赋，改试议论。

文宗一直对近年士大夫不通经学深感不满，想要改变这一状况。太和七年七月，宰相李德裕上奏，提出代宗时宰相杨绾的建议，请下诏进士考试停试诗赋，专考策论。

八月七日，文宗在御宣殿册令太子，借此诏示，从明年以后，进士考试先试帖经，略问大义，取精通经义者中第。李德裕还请求文宗令诸王出朝，

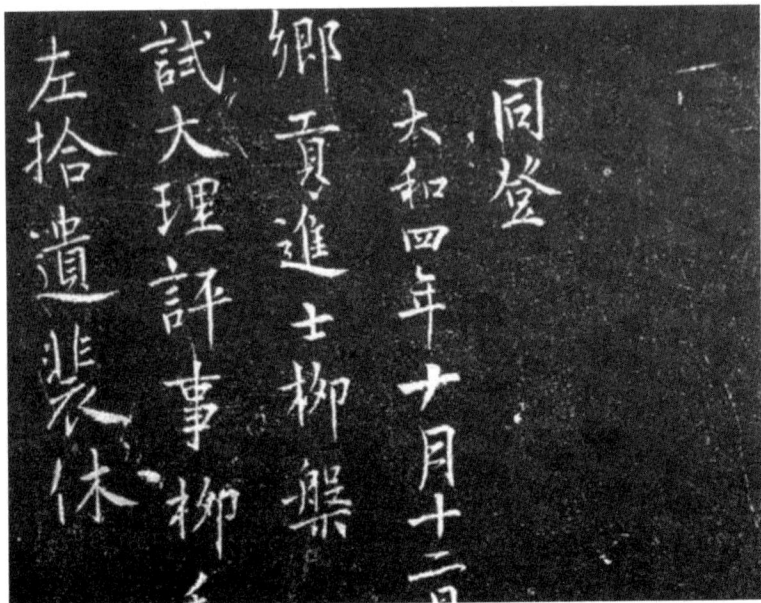

大雁塔进士题名帖（宋拓本）。唐代社会风习，考中进士的人必游西安大雁塔，题名姓于塔下留念。

授以各州刺史、上佐之职，但因为商议中以确定所除之人，此事不成。

第二年，牛党李宗闵入朝为相，大改李德裕所定制度，于是进士考试又恢复了诗赋考试。

国子监刻《石经》

开成二年（837）十月，国子监刻成《石经》，共100多石，60多万字。

太和四年（830），工部侍郎郑覃奏称库存经籍多讹谬，请求召集博学之士校定经典，并依据东汉蔡邕刊碑的先例，刻石于太学。文宗准奏。郑覃请

唐开成石经。用楷书刻《易》《书》《诗》《仪礼》《周礼》《礼记》《左传》《公羊传》《谷梁传》《论语》《孝经》《尔雅》十二经于石上，起到了校正和推广儒学经典的作用。

以起居郎周墀、水部员外郎崔球、监察御史张次宗、礼部员外郎温业等校定《九经》文字，然后派人刻于碑石。文宗又命令翰林勒字官唐玄度复校字体。开成二年（837）十月十三日，《石经》刻成，与《孝经》《论语》《尔雅》一并共160卷。当时人们认为《石经》字体有乖师法，因而立后几十年都少有名家前往观看。

《石经》现存于陕西西安碑林，又名《开成石经》，成为研究古代经典、书法的重要实物资料。

王建作《宫词》

王建任陕州司马时，曾"从军塞上、弓剑不离身"，对征戍之苦有所体会。晚年生活贫困，过着艰苦的躬耕生活，"终日忧衣食"。因此其诗较能广泛深刻地反映现实。如《水运行》："去年六月无稻苗，已说水乡人饿死。"曲折深婉，语浅意深。他不仅描写了农夫织妇之苦，还反映了水夫、运夫、海人、征人、戍妇的生活苦况。如《水夫谣》真实地描写了牵拉驿船的痛苦："苦哉生长当驿边，官家使我牵驿船。辛苦日多乐日少，水宿沙行如海鸟。"底下即具体描写当时的苦状，这是对封建徭役的血泪控诉。他的诗反映了当时社会的多种生活画面，丰富多彩。他的主要成就是乐府歌行，继承了杜甫诗歌的现实主义精神，尤其学习杜甫即事名篇的新题乐府，而又有所发展。形式自由，题材广泛新颖。

他的《宫词》百首，多言唐宫生活，史传小说中很少见，因而具有较高的认识价值。如他的《故行宫》即是一首五绝珍品："寥落古行宫，宫花寂寞红。白头宫女在，闲坐说玄宗。"这首诗描写白头宫女在红花盛开的行宫，闲谈昔日唐玄宗的逸闻旧事。冷落含蓄，神态宛然，寓有无限的感慨。明代诗评家胡应麟说："语意绝妙，合（王）建七言宫词百首，不易二十字也。"王建的百首《宫词》多为宫廷生活的纪实，当时"天下皆诵于口"。它不仅有文学价值，而且有史学价值，可补史传之缺漏。

李商隐作《无题》诗

李商隐是唐代最优秀的爱情诗人，无题诗是他独具一格的创造。李商隐的无题诗大多以男女爱情相思为题材，意境缥缈，情思缠绵，文辞精美，读来令人回肠荡气。由于这些诗写得含蓄隐晦，其中有些诗另有寄托，千年来解说纷纭，不乏穿凿附会之流。今天看来，这些诗并非一时一地之作，也没有统一的构思，而是诗人生活中的各种即兴感受和点滴情绪的结晶，或实写恋爱相思，如："相见时难别亦难"、"昨夜星辰昨夜风"；或明属冶游押邪，如"近在名阿侯"、"长眉画了绣帘开"；有寄寓身世之感的，如"何处哀筝随急管"、"重帏深下莫愁堂"；还有一些兴寄难明，托意缥缈。这些诗含义有别，大都是诗中之意不便明言、意绪复杂以一言概括的，统名以"无题"。诗歌的意义不限于表现一往情深的爱情生活，而是表现那种期待与失望、痛苦与留恋、执著与彷徨交织的矛盾心情，与整个时代息息相通。

李商隐继承了中唐艳情诗传统，又不同于李贺与元稹，他以真实的情感体验为基础，着力于心理的细腻刻画和意境的精心创造。他描写的悲剧性爱情，在情感与现实的冲突和恋爱者的情绪纠葛中，动人地展现出抒情主人公的理想追求和高尚人格，不但从一个侧面反映了封建制度对人性的压迫和摧残，也成为人类崇高美好情感的悲歌和颂歌。"春心莫共花争发，一寸相思一寸灰"、"身无彩凤双飞翼，心有灵犀一点通"、"直通相思了无益，未妨惆怅是清狂"、"春蚕到死丝方尽，蜡炬成灰泪始干"等诗句，感伤凄恻而又深情绵邈，成为李商隐无题诗中的不朽名句。

李商隐的无题诗情致深蕴，独特精丽的意象渗透着诗人丰富的内心情感，具有一唱三叹的韵味。这正是无题诗吸引无数后人反复吟诵把玩的原因所在。

张彦远作《历代名画记》

中国书画理论著述，于东晋南唐初成面貌，顾恺之的形神论与谢赫的"六法"流传于世，影响了隋唐间的画家书人。唐代书学与画学理论形成规模，史论兼容，分门别类，其中完整地反映了唐代绘画理论和美学思想的著作是张彦远的《历代名画论》。

张彦远，字爱宾，是晚唐时期的书画家和绘画理论家。约生于元和十年（815），出身于宰相世家，家中书画收藏颇多，他在家学影响下致力于书画鉴赏和著述，《历代名画记》成书于大中元年（847），张氏时年约32岁，他不满意以往画学著作"率皆浅薄漏略，不越数纸"，于是广泛采集前人的绘画理论和画史著作，加以汇集整理，书中引用和阐发的艺术理论观点提供了终唐一代画家主要关心的理论问题，具有鲜明的时代色彩。

唐太宗喜好书画文艺，注重人物画的社会功用，因此，唐代的画史画论

唐《弈棋仕女图》（部分）

唐《树下人物图》。纸本设色。新疆阿斯塔那村墓中出土。所绘男子立像，头戴风帽，腰间插一笛，右手正摘风帽，头稍向前倾，左侧立一童子，以手搀扶男子左臂。背景一树。线条用浓墨画出，粗放有力。

唐卢楞伽（传）《六尊者像》。图册已不全，仅存《第三拔纳拔西尊者》、《第八嘎纳嘎拔喇禢尊者》、《第十一租查巴纳塔嘎尊者》、《第十五锅巴嘎尊者》、《第十七嘎沙雅巴尊者》、《第十八纳纳答密答喇尊者》六幅。线条流畅细劲，人物的神情与动态均能刻画得相当生动，富有情味。色彩不多但光彩夺目，部分地方以淡墨赋染。每幅画上均有"卢楞伽进"楷书一行。

唐孙位《七贤图》（部分）。图作四个封建士大夫，列坐在华美的花毡上，各有侍者侍候，背景衬以蕉竹树石，环境气氛静穆冷僻。此图用笔细劲凝练，调畅自如，画风继承顾恺之传统又有发展。

又将秦汉之际艺术中提倡的社会功能重新作了阐发，张氏在《历代名画记》中说："夫画者，成教化，助人伦，穷神变，测幽微，与六籍同功，四时并运。"将绘画的社会功能和历史鉴戒作用提到了艺术的首位。这段议论，实际代表了唐代社会对绘画功能的基本认识。

人物画的历史感和真实性要求唐代艺术家和理论家对六朝时提出的形神、气韵、骨法作出重新认识，其焦点集中在对东晋、南朝画家顾恺之、陆探微、张僧繇的评价上。对三人的评价，实际涉及到对谢赫"六法"的认识。张彦远对"六法"作出新的阐发。在《论画六法》与《论画体工用拓写》两节中，首次注意到了"六法"之间的内在联系，认为形、神、笔、色相辅相成，并且提出了"立意"和"用笔"这一对核心概念。这已超出谢赫"六法"之外，实际反映了唐人的艺术追求。立意在画之先，是一幅画气韵、骨法是否周全的根本，而这些都具体到用笔，即画家的构思和画面效果的把握都得通过画笔体现出来。立意不同，笔法、风格也就不同。

张彦远提出"笔"、"意"论，是在唐代书画笔法的精纯完善基础上总结出来的。其理论上的贡献一在辩证地看待笔与意的关系，提出"笔不周而意周"的见解，一在揭示作画用笔时"气脉通连，连绵不断"。

基于上述认识，他又在阐发"六法"关系的同时，提出了品评作品的五个等级，即自然、神、妙、精、谨细。自称"立此五等，以包六法，以贯众艺"，实际上张氏"五等"是唐人艺术观念的具体体现。五等之中，"自然"为上品之上。"自然"之作，即是"得意"的作品。

"神"为上品之中，"失之自然而后神"。张彦远有理由把顾、陆列为自然一等，张置于神品之下。"自然""神"以下，"失之神而后妙，失之妙而后精，精之为病而成谨细"。张彦远的论画思想或者说唐代画家的艺术思想于此五等之中已晓然可见了。

张氏的《历代名画论》还分别对绘画源流、师资传授、古画特征、山水树石、鉴识、收藏等提出了自己的理论见解，对后世山水画发展影响深远。

诗人刘禹锡论天

中唐时期，刘禹锡作《天论》，阐发其对"天"的认识，意在对柳宗元的《天说》作进一步的补充说明。

刘禹锡（772~842），中国唐代思想家、文学家。字梦得，洛阳人，祖上匈奴人，北魏时改称汉姓，居住洛阳。自称汉中山靖王刘胜的后代。唐贞元间进士。曾任京兆府渭南县主簿、监察御史等职。后因参与王叔文革新集团，失败被贬为郎州司马、连州刺史等职，晚年任太子宾客，加检校礼部尚书，世称刘宾客。

刘禹锡是唐代对于唯物主义学说作出比较重要贡献的思想家。他最杰出的思想贡献在于他独创了"天与人交相胜，还相用"的学说，刘禹锡所作《天论》上、中、下三篇补充柳宗元《天说》中提出"天人各不相预"的学说，并作进一步发展。

首先，他区别了"天"与"人"，他认为"天"即自然，不论天的日月星"三光"和山川五行的根本，还是人的头目耳鼻和其内脏器官的根本，都是客观的物质存在，认为"自然说"是对的。

其次，他独创"天与人交相胜，还相用"学说。在他以前的唯物主义者多强调自然规律的普遍性和绝对性，而忽略抹煞社会生活的特殊性和人的自觉

刘禹锡像。刘禹锡（772～842），唐文学家、哲学家，字梦得，洛阳（今属河南）人。生前与白居易齐名，人称"刘白"，名篇名句流传者不下百首。

能动性，以致陷入宿命论或偶然论。他的战友柳宗元也只着重说明天是客观的自然存在和自身运动，提出天人各不相预学说，并未认识到人能认识自然规律并能对自然界产生能动的反作用。而刘禹锡坚决反对"天人感应"的天命论，并吸收荀子"制天命而用之"思想，创造性阐述天人关系。他认为天、人各有自己的特殊规律，自然界万物循以强胜弱的法则，而人类社会则以"是非"观念作为维护社会秩序的准则。并进一步指出自然的职能和作用是"生万物"，而人的职能和作用是"治万物"，"天之能，人固不能也；人之能，天亦有所不能也。"因此"天"与"人"互相制约、互相消长、交互争胜。

刘禹锡还进一步把"交相胜"和"还相用"视为世界万物发展的普遍规律，深刻认识到物质在运动过程中，不仅没有主宰的操纵，而且也绝非单纯的矛盾对抗，而是遵循客观规律，不断互相矛盾统一地向前发展。

其三，刘禹锡认为在社会关系上只要做到"法大行"，就能达到"人胜天"。他提出了以"法制"作为社会秩序的准则和判断是非的标准。人能胜"天"，是因为"人"的是非战胜了"天"的强弱，而"人"之所以被天"胜"，是因为人的社会政治状况"不幸"，而不是"天"之作用。这样，刘禹锡就把"天"和"人"关系中的主要方面置于人，而且将人定胜天的思想进一步运用到了社会问题的分析上。

刘禹锡虽以封建的"是非"观、以封建宗法为社会秩序准则，然而他的"天与人交相胜"的学说，已初步揭示客观世界与人的既对立又联系的辩证关系，这一进步观点，在中国古代思想史上是很有价值的。

藏文第二次厘定

藏文是藏族人使用的文字，通行于我国西藏自治区和青海、甘肃、四川、云南等省的藏族地区，以及操藏语的蒙古族、土族、门巴族地区。国外说藏语的地区中也有使用这种文字的。

藏文是由松赞干布的文臣图弥之菩札受命在公元 7 世纪前期参照当时梵文体系的某种字体创制的。藏文创制后随之就有藏文文献问世（主要是佛经

过街塔刻藏文

的译文），当时的文字体制已经相当完备了。

然而，语言和文字的丰富和发展，总是相互促进的。藏文创制后，经过200年的使用，已与口语有了一定的差距，为了促使文字的发展更好地服务于社会，历史上曾进行过3次修订，藏语称作"ｓｋａｄ－ｇｓａｒ－ｂｃａｄ"（即厘定新语），藏族学者一般称"厘定新语"之前的藏语书面语为古文字，"厘定新语"之后所形成的藏语书面语为新文字。

第一次厘定文字，主要是统一佛经译语（即在翻译佛经时对梵文借词等出现在译文中的混乱现象进行了统一规范）；第二次厘定文字是在9世纪初，藏王赤祖德赞在位时，依靠噶瓦·内泽、觉若·鲁意坚参和相·益喜德为首的一批藏族大译师们所进行的规范工作。这次的"厘定文字"主要是依据藏语发展的实际情况，简化正字法、统一佛经用语，以适应口语的语言变化、文字规范和使所译佛经通俗易懂的需要；第三次厘定文字是在吐蕃王朝分裂后，在局部地区（即阿里地区）由仁钦桑布等译师进行的，所以没有推行开，也没有记载修订的详细内容。

藏文的三次修订，以9世纪初进行的第二次"厘定新语"影响最大。这次的厘定文字由于得到吐蕃王及其官方的支持，加之以法令形式强制推行，取得了规范的成效。这次的厘定文字主要是简化正字法的文字规范，如取消了在拼写结构中的再后加字"q（ｄ）"和不必要的（即不表音又不区别字形的）小"ｏ（ｖ）"。另外还对书面语中出现的一些异体字作了统一的规范，如清声不送气字母与消声送气字母在拼写结构中交替出现的异体字，以及对元音符号中的反"ｏ（ｉ）"都作了修正。现行的藏文书面语与第二次规范后的藏文大体相同，因此这次的文字厘定也成为后人鉴别古今藏文的重要标志。

大唐文化的奇葩

杜牧诗歌俊爽

杜牧（803～852），字牧之，晚唐诗人，京兆万年（今陕西西安）人，德宗时宰相杜佑之孙。他23岁时即写出了千古名篇《阿房宫赋》，26岁举进士。但由于他生性刚直，不屑于趋炎附势，因此在仕途上不得重用。他先是在江西、宣歙、淮南诸使做了十年幕僚，又任过黄、池、睦、湖等州刺史，后回朝任司勋员外郎、中书舍人。

杜牧生活的晚唐时代，大唐帝国已是日薄西山，内忧外患日益加深。目睹国势的衰落、社会的黑暗，杜牧很想在政治上有所作为。他读书注意"治乱兴亡之迹，财赋兵甲之事，地形之险易远近，古人之长短得失"（《上李中丞书》）。反映到他的诗歌创作中，爱国忧民、怀古论今的作品占了很大比重。这些诗歌依不同特色可分为两类：一类直接反映社会政治问题，抒发个人理想，亦诗亦史，具强烈的现实意义。在《感怀诗》中，他慨叹安史之乱以来藩镇割据、急征厚敛给人民造成的灾难；在《河湟》中，他抨击了朝廷在收复失地问题上的昏庸无能；在《早雁》中，他以

杜牧像。晚唐诗人杜牧（803~852），字牧之，京兆万年（今陕西西安）人。他一生为官，以济世之才自负，其诗在晚唐颇享盛名。世人称杜甫为"老杜"，杜牧为"小杜"。《樊川文集》中纵酒狎妓之作，可谓是他这幅画像的一个补充。

135

秦淮河风光。杜牧的才思带有淡淡的忧伤和深邃的历史联想。"商女不知亡国恨，隔江犹唱《后庭花》"，成为流传千古的讽世绝句。图为今江苏南京秦淮河风光。

惊飞四散的哀鸿，象征从侵略者的蹂躏下逃回祖国的边地人民，表现了对难民的极大同情。《郡离独酌》直接表现了诗人的理想："岂为妻子计，未去山林藏？平生五色线，愿补舜衣裳。"另一类是咏史诗，对历史上的成败兴亡发表精辟独到的议论，借史实以警时人。如《赤壁》中的"东风不与周郎便，铜雀春深锁二乔"，《乌江亭》中的"江东弟子多才俊，卷土重来未可知"，都带有明显的史论特色。而《过华清宫三绝句》则撷取了"一骑红尘妃子笑"等典型场景，谴责了唐玄宗的荒唐误国。这种咏史诗短小精警，读来令人耳目一新。

　　杜牧除了在诗中写社会政治题材外，还大量地抒情写景，在这方面留下了许多脍炙人口的名篇。如《江南春》、《泊秦淮》、《山行》、《清明》、《登东游原》、《寄扬州韩绰判官》等，词采清丽，画面鲜明，情景交融。但政治上的失意和晚唐社会的没落趋势在诗人的心上投下了阴影，所以杜牧这类诗歌大都或浓或淡地笼罩着一层感伤色彩。如《泊秦淮》中"烟笼寒水月笼沙"的迷朦，《登东游原》中"万古销沉向此中"的苍茫，《寄扬州韩绰判官》中"秋尽江南草木凋"的萧索，无不流露出一股抑郁忧伤之情。

爱晚亭。杜牧留下的绝唱"停车坐爱枫林晚，霜叶红于二月花"，造就了取其诗意、建于清乾隆五十七年（1792）的湖南长沙岳麓山"爱晚亭"。

在艺术追求上，杜牧主张"凡为文以意为主，以气为辅，以辞采章句为之兵卫"（《答庄充书》），重视内容与形式的结合。杜牧的古诗大多以社会政治事件为题材，往往写得豪健跌宕，流丽之中透出遒劲，这是由他政治上的识见与抱负决定的；他的近体诗则以咏史、抒情、写景为主，思致活泼，神韵疏朗，秀逸轻利，更多体现了他个性中特立独行、风流潇洒的一面。晚唐诗的风格日益向华艳纤巧的形式主义发展，杜牧受当时诗风的影响，有注重辞采的倾向，但这种倾向与他个人旷达飘逸又雄姿英发的精神面貌结合，在诗中就形成了一种"俊爽"的风格。在表现手法上，杜牧善于运用传统的比兴状物抒情。如在《早雁》中，以雁象征边地人民，生动感人。他写景色彩鲜明，画面清爽，像"千里莺啼绿映红"、"霜叶红于二月花"、"楼倚霜树外，镜天无一毫"等等，都给人以赏心悦目之感。他的诗歌语言于自然处见凝炼，如"六朝文物草连空，天淡云闲今古同。鸟去鸟来山色里，人歌人哭水声中……"（《题宣州开元寺水阁，阁下宛溪，夹溪居人》），以平淡的笔墨写出了六朝兴废、人事变迁、山河依旧，常见的情景中透出一种渺远而永恒的意味。他还善于运用典型的事例，赋予诗歌深沉的

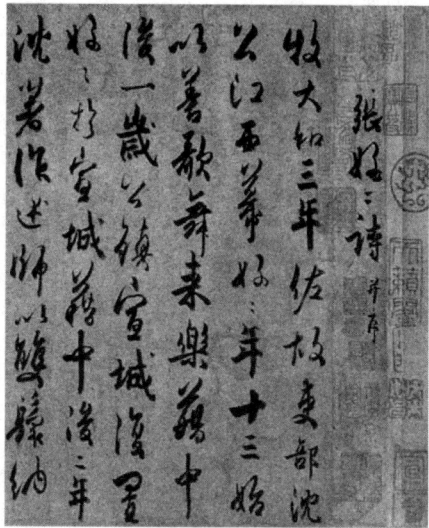

杜牧《张好好诗卷》

思想感情，如"商女不知亡国恨，隔江犹唱《后庭花》"、"惟有凉州歌舞曲，流传天下等闲人"，都是借具有特殊意义的"后庭花"和"凉州歌舞"，以小见大，寄托兴亡之感。

　　杜牧继承了唐代诗坛的优良传统，在晚唐浮浅轻靡的诗风之外自成一格，与晚唐另一杰出诗人李商隐齐名，并称"小李杜"。

《柳毅传》成

　　《柳毅传》为唐代传奇，作者李朝威，约中唐时人。写落第书生柳毅途经泾河，遇见因受其夫泾阳君与公婆虐待、被赶至荒野牧羊的洞庭龙女。柳毅出于同情和义愤，慨然允诺，入洞庭龙宫，替龙女传递家书。龙女的叔父钱塘君闻讯大怒，凌空而去，诛杀泾河逆龙，救回龙女，并命柳毅与龙女成婚。柳毅传书信乃急人所难，并无个人企图，且不满钱塘君之蛮横，故毅然拒婚，告辞而去。龙女对柳毅已生爱心，誓言不嫁他人。后几经曲折，二人终于结为夫妻。作品中的龙女是反抗夫权压迫、追求幸福爱情的妇女形象，通过龙女的遭遇，批判了父母包办婚姻的制度。

　　《柳毅传》通过幻想反映现实，虽为具有神怪色彩的爱情传奇，但其间充满人间社会的清新气息，是对六朝志怪传统的大革新。作品的人物描写很成功，极富个性。柳毅正直刚强，龙女一往情深，钱塘君暴烈的性格却似怒潮奔涌，都给人留下鲜明的印象。全篇布局巧妙，结构严谨，情节离奇曲折，富于戏剧性和浓厚的浪漫色彩。其文体在散行中夹有骈偶文句和韵语，文辞颇华艳。

　　《柳毅传》在唐传奇中成就极高，在晚唐已广为流传。后世以此演作戏曲的有元代尚仲贤《柳毅传书》、明代黄惟楫《龙绡记》、许自昌《橘浦记》、清代李渔《蜃中楼》等。

大唐文化的奇葩

温庭筠诗风秾丽

温庭筠诗和李商隐齐名,时称"温李"。其五、七言古诗师法李贺,或寄吊古兴亡之慨,或写边塞荒寒之景,或述田家务农之劳苦,辞藻瑰丽,而颇含悲凉之意。近体诗反映现实面更广泛,涉及羁旅行役、友朋寄赠、身世感慨、咏史咏物等多方面内容,不时发出壮志难酬、怀才不遇的浩叹。

温庭筠(812?~866?),唐代诗人、词人。本名岐,字飞卿。太原祁(今山西祁县)人。屡试进士不第,约在48岁才获授隋县尉。其后,曾为幕府僚吏,任方城尉,至国子助教。

他年轻时苦心学文,才思敏捷。晚唐考试律赋,八韵一篇。据说他叉手一吟便成一韵,八叉八吟即告完篇,人称"温八叉"、"温八吟"。

他写羁旅生活的诗《过分水岭》:"溪水无情似有情,入山三日得同行。岭头便是分头处,惜别潺湲一夜声。"还有《商山早行》中的名句"鸡声茅店月,人迹板桥霜",都写得清新流丽,细致真切。他的一些诗句艳丽纤细、柔婉感伤,则反映出诗变为词的迹象,如《偶游》描写女子的绮丽装饰:"红珠斗帐樱桃熟,金尾屏风孔雀闲。云鬓几迷芳草蝶,额黄无限夕阳山。"

柳公权创柳体字

晚唐时期,书法大家柳公权创立新体,世人名之柳体,柳体在书法史上的地位与颜体相当。世称二人为"颜柳"。

柳公权(778~865),字诚悬,京兆华原人,他幼年好学,十二岁即能吟诗作文,被人誉为神童。唐玄宗元和初年,柳公权进京赶考,金榜题名考中进士。

柳公权的字始学二王,几年之后遍习隋唐以来各家的笔法,作品既具有魏晋人的风貌,又吸取了隋唐各大家特点。他擅长真行草,特别是对楷书的

柳公权《玄秘塔碑》

柳公权《神策军碑》

柳公权《回元观钟楼铭》。柳公权，初学王羲之，后遍阅唐初诸名家书法，而得力于欧阳询、颜真卿，笔力雄健，自成一家，与颜真卿一起开创了我国书法艺术史上一代新风，世有"颜筋柳骨"之称。

141

研究，功力深厚。他早年的楷书已经取得卓著成就。后来，他进一步揣摩、研究颜体的笔法，融会成体势劲媚、法度谨严、方圆兼施、富有变化而自成一体的柳体，从而在书法史上奠定了自己的地位。

后人对柳字评价甚高。"书本出于颜，而能自出新意"、"顿挫鲜明，较颜字瘦硬，比欧字雄奇"，岑宗旦评柳书时说："柳公权得其劲，故如辕门列兵，森然环卫"，人称"颜筋柳骨"。柳体字注重骨力，在转折、顿接处显出锋棱，结构紧密，在雄浑厚实中见锋利，在严谨中见开扩，刚劲挺拔。

"字如其人"。史册载，柳公权为官清廉，秉性刚直，不为恶势力所屈，有极好的品德和极高的声誉，能创立柳字，非属偶然。晚唐书法经历盛中唐以后，盛极而衰，柳公权如一匹精悍之马，驶入书林，为后人留下许多碑帖。

传世的《金刚经》刻石，是柳氏中年所书，原刻置西明寺。《旧唐书》本传说："上都西明寺金刚经碑，有钟、王、欧、虞、褚、陆之体，尤为得意。"唐拓孤本发现于敦煌藏经洞，现珍藏于法国巴黎图书馆。《李晟碑》书于52岁，《书概》谓出自欧氏《化度寺》，现藏西安碑林。《玄秘塔碑》出自颜氏《郭家庙碑》，裴休撰文，为64岁时书，代表了柳字的典型风格，是后人学习楷书的入门范本。《神策军碑》和新发现的《回元观钟楼铭》均为柳书的杰出作品，柳公权的行书墨迹以《蒙诏帖》为代表，书从颜氏《刘中使帖》，《祭侄文稿》而出，煊赫名迹，气势夺人，清帝乾隆题称"险中生态，力度右军"，显示出书者深厚的功力和柳书的本色，为历代学家、书家所重。

柳公权的书法在当时已非常贵重，王公贵族在刻碑时如果求不到柳氏手书便会被认为不孝。外邦使者也纷纷重金求购他的墨迹。后代书法家更是重视柳体字，将之与颜体字相提并论，成为楷书的范本。

《虬髯客传》歌颂风尘三侠

《虬髯客传》是唐代著名传奇，其作者有杜光庭、张说两种说法，故创作时代也有晚唐、盛唐不同的说法。

小说写隋末越国公杨素家的歌女红拂，别具慧眼，倾慕于当时还是书生的李靖，两人东奔途中，在旅舍中结识豪侠张虬髯。虬髯本有争夺隋朝天下的野心，后在太原见到李世民，见其神气不凡，有真命天子之相，难以与他争衡，于是倾其家财赠给李靖夫妇，要他们辅助李世民成就霸业，自己则入扶余国自立为王。而李世民功成后，李靖也成为唐代的开国名将。

小说故事情节与红拂、虬髯两人均为虚构，宗旨在宣扬李世民真命天子的思想。人物描写很成功，红拂勇敢机智，虬髯豪爽慷慨，李靖风流倜傥，文笔细腻生动，艺术成就在唐传奇中属于上乘。小说中的三个主要人物：红拂、虬髯、李靖，后人称为"风尘三侠"，流传极广。后世多以此题材改编成戏曲，有《红拂记》、《虬髯翁》等。

《虬髯客传》比较全面地采用了史传文学的手法，将人物完整的一段生活进行细致描写，体制简短而有长篇小说的规模。

《风尘三侠图》。清代任颐作。

晚唐壁画骄奢淫逸

晚唐壁画是指唐肃宗至德初年——唐末（756~907）这一时期的壁画，它继续盛行家居生活方面的题材，仪仗出行的题材进一步削弱。从整体上观察，壁画上呈现的日常家居生活气氛很浓厚，这是中晚唐时期统治阶级更加骄奢淫逸的反映。在一些晚唐的墓道两壁上除第一、二期常见的表示方位的青龙、白虎之外，目前尚未发现仪仗出行的盛大场面；天井，过道两壁上，除画马

唐乐舞壁画。此壁画为研究唐代胡腾舞提供了重要的资料。

唐托盘女侍壁画

唐宴饮壁画。壁画反映了中小贵族阶层的生活状况和精神面貌。

夫牵马以外，还有男侍、女侍、伎乐、屏风，宴饮等内容。

中晚唐时期继承了北朝后期好画屏风的传统。梁元翰、杨玄略墓墓室两壁所绘屏风以六鹤作装饰，高克从墓墓室两壁的六扇屏风，每一扇用一对鹤子作装饰，此乃当时贵族邸宅喜用屏风的写照。杜甫《通泉县署屋壁后薛少保画鹤》诗云："薛公十一鹤，皆写青田真，画色久欲尽，苍然犹出尘，低昂各有意，磊落如长人。佳此志气远，岂惟粉墨新。"此诗可与唐墓壁画相印证。

晚唐壁画的创作风格上趋向繁靡浮华，内容上则从不同侧面反映了统治阶级骄奢淫逸的生活；创作技法上在继承了南北朝时期的成就的同时，进一步发展了"曹衣出水"、"吴带当风"的画技，使晚唐画技日臻成熟起来。吐鲁番阿斯塔那三八号唐墓壁画六屏式人物画，充分体现了晚唐圆熟的壁画技巧，特别是画上捧棋盘的侍者和臂鹰侍者，极富生活气息，人物刻画细致入微，气韵生动，是以疏体画派画风为基础，融汇了密体画派的画风，加以初唐、盛唐二个时期的积累发展，到晚唐时期，画技充分完善起来。

晚唐壁画技法上虽然臻于成熟，但反映的内容则是毫无进取的浮华寄生生活，伎乐、宴饮舞蹈等声色犬马的地主阶级家居生活，成为晚唐壁画的主流，这是统治阶级不思进取，沉迷于享乐，日趋没落的艺术写照。

皮日休作《三羞诗》

现存皮日休诗文，都作于他参加黄巢起义军以后。他对当时封建统治下的黑暗政治，早就有所不满，所以他肯定人民可以反抗暴君（如《鹿门隐书》《原谤》等）。他所论诗，也特别重视美刺，反对浮艳。

他尤其以《三羞诗》为代表。诗为三首，其二写人民所受征兵之苦，其三写人民遭旱蝗而流离饥饿之苦，《正乐府》的《卒妻怨》写人民种种不同遭遇之苦，具体而生动地反映了当时社会的阶级矛盾和他同情人民、抨击暴政的态度。

中华文明

大唐文化的奇葩

唐人兴盛选诗

　　唐代是中国诗歌全盛时期。一批又一批才华横溢的诗人，数量繁多、艺术风格各异的诗歌，以及从帝王到市井小民的争相传颂，形成了唐代诗歌高度繁荣的景象。而唐人兴盛选诗，即是唐诗高度繁荣的产物。

　　唐代很重视诗歌的编集。唐代宗曾经关心王维诗集的编纂工作，白居易、刘禹锡等人亲自编集自己的诗歌，唐人编纂的唐诗选集今存10种。历代编选、笺注、评论唐代诗歌的工作从未间断，形成了规模浩大的"唐诗学"。

　　据1958年中华书局上海编辑所出版的《唐人选唐诗（十种）》，唐人编选的唐诗选本有十种：①佚名的《唐写本唐人选唐诗》；②元结的《箧中集》；③殷璠的《河岳英灵集》；④芮挺章的《国秀集》；⑤令狐楚的《御览诗》；⑥高仲武

唐代女侍壁画。女侍两人，前一人头梳高髻，上着红色窄袖短衫，下穿紫长裙，肩披绿巾，脚穿云头履。后者头梳双鬟髻，上着绿色窄袖短衫，下穿紫长裙，肩上披红巾，双手持串珠，脚穿云头履。

的《中兴间气集》；⑦姚合的《极玄集》；⑧韦庄的《又玄集》；⑨韦縠的《才调集》；⑩佚名的《搜玉小集》。它们的编选，大都有一定的目的。如《箧中集》选录7位诗人24首诗，内容多为抒写作者"无禄位""久贫贱"的悲苦和愤懑，亦有反映民生疾苦之作；风格质朴，不事雕饰，且多五言古诗，对当时流行

晚唐秘色瓷盘。秘瓷属青瓷，是越窑专为皇室烧造的。因其釉料配方和烧制工艺"秘而不宣"，故谓之秘色瓷。

的"拘限声病，喜尚形似，且以流易为辞"（《箧中集序》）的诗风有针砭作用。《河岳英灵集》选录24人234首诗（现存228首），选者具有较高的理论水平和艺术鉴赏能力，选录标准兼顾"声律"、"风骨"，且非常严格，故较正确地反映了盛唐诗歌的基本面貌，是上述十种选本中最受重视的一本。《国秀集》选录90人220首诗（今实存85人218首），编选者慨叹"风雅之后""礼乐大坏"，以"雅正"为旗号，所选之诗多为奉和应制、诗宴之作；艺术上不满于"以声折为宏壮，势奔为清逸"，强调"风流婉丽"的形式美和"可被管弦"的音乐性（《国秀集序》）。《才调集》选录诗1000首，以"韵高而桂魄争光，词丽而春色斗美"（《才调集叙》）为选取标准，是今存唐人选唐诗中最多最广的一种。

唐人选诗，大都出于对当时某种诗风的不满，力图通过选本提倡某种风格，影响诗坛，也有的是为了总结和反映某一时期诗歌面貌和成就的，因而在选

唐代琉璃瓶

集中，往往有序说明各自的诗歌艺术见解，其中《河岳英灵集》、《中兴间气集》对入选诗人作了简要评论。唐人选编唐诗，为后人留下了一批具有诗史资料价值的优秀诗歌和唐人对本时代诗歌创作的评价。

女侠小说出现

　　女侠小说产生于晚唐，传奇小说中出现了两篇描写女剑客的故事——《聂隐娘》与《红线》。

　　《聂隐娘》是裴铏所撰《传奇》中的一篇。主角魏博大将聂锋的女儿聂隐娘，10岁时被一尼姑用法术"偷去"，教其剑术，能白日刺人而旁人不见。身怀绝技的聂隐娘在父亲死后投奔陈许节度使刘昌裔。魏博主帅派人暗杀刘，隐娘以法术破之。后刘入觐，聂隐娘告别而去。刘死后，聂又至京师刘枢前恸哭。

　　《红线》是袁郊所撰《甘泽谣》中的一篇。红线是潞州节度使恭嵩的侍婢，有超人的力量。她以神术潜入魏博节度使田承嗣府中，偷其供神金盒，而薛嵩即派人送回。田大惊失色，明白既有异人能取走床边金盒，杀他更是易如反掌。这一威吓，迫使田不敢再飞扬跋扈，表示悔过自新。红线则在两地保其城池后，功成身退。

《钟馗出巡图》。钟馗捉鬼的故事，唐代时广为流传，道教亦将钟馗视为祛邪判官。唐末后，民间多于除夕夜悬钟馗像于门，以驱鬼避灾。

　　两篇作品都充满知遇报恩的思想和带有神秘色彩的描绘，并成功地塑造了智勇兼备的侠女形象，想象丰富，构思奇特，成为后来女侠小说的雏形。

　　侠义小说的大量出现与当时社会上的游侠之风密切相关。唐代中叶之后，

藩镇割据局面愈演愈烈，而百姓身处乱世之中，备受其苦，格外希望能出现武艺高强、慷慨然诺的豪侠为自己雪冤报仇。同时佛老方术盛行，也使侠客们蒙上一层神秘色彩。这就是侠义小说的社会文化基础。《聂隐娘》和《红线传》即反映出藩镇拥兵跋扈及暗杀之风的盛行。两位女主角各展神术、报效主恩，然后功成身退，显示出豪侠之气，小说情节离奇，道术气很浓。

韦庄作《秦妇吟》

　　韦庄（约836~910），唐末五代诗人、词人。字端己，长安杜陵（今陕西西安东南）人，诗人韦应物四世孙。他早年丧父，家境贫寒，于乾宁元年（894）中进士，后入蜀为王建掌书记。唐朝灭亡后，王建称帝，建立前蜀，任命他为宰相，后死于蜀。

　　韦庄在唐末诗坛上有重要地位。忠于唐王朝是他思想的核心，忧时伤乱是他诗歌的主要基调，因而他的诗较广阔地反映了唐末动荡的社会面貌。韦庄的代表作《秦妇吟》是现存唐诗中最长的一首叙事诗。这首七言古诗全长238句，1666字。诗中借一被起义军俘虏的女子（秦妇）的自述，描述了黄巢起义军进入长安后称帝建国，与唐军反复争夺长安以及最后弹尽粮绝的情

《唐人倦绣图》（摹本）。图中绘三人围坐绣案旁，一人持线，另二人困倦小息，形象、服饰等都反映出唐人的风范。

形。秦妇是一位美丽、善良又坚强的贵族姬妾。沦为新贵眷属后，压抑的内心逐渐萌生了怨愤，作者通过秦妇这样一名封建时代被污辱、被损害的女性形象，表现出广大妇女在战争年代所遭受的种种不幸。

全诗运用倒叙有层次的手法，布局谨严，脉络分明，语言抑扬顿挫，旋律优美，是我国诗歌叙事艺术发展的里程碑。韦庄因此被称为"秦妇吟秀才"。但由于某种忌讳，韦庄晚年严禁子孙提及此诗，也未将其收入《浣花集》，以致长期失传。20世纪初才在敦煌石窟发现。

韦庄还作有七绝写景诗《台城》："江雨霏霏江草齐，六朝如梦鸟空啼。无情最是章台柳，依旧烟笼十里堤。"借写景伤今怀古，情调凄婉。

韦庄是与温庭筠齐名的花间词人，他的词风格清新疏朗，自成一家，内容和温庭筠等花间词人一样不外乎男欢女爱、离愁别恨，但更注重感情抒发，常将漂泊之感、离乱之痛和怀乡之情融为一体，情蕴深远，如《菩萨蛮》"人人尽说江南好"等五首。

司空图著《二十四诗品》

司空图（837~908），唐代诗论家、诗人。字表圣，自称知非子，又号耐辱居士，河中虞乡（今山西省永济县附近）人。一生传有《司空表圣诗集》《司空表圣文集》，但奠定他在文学史上的地位的却是《二十四诗品》一书（近年有学者认为《诗品》非唐司空图所作）。《二十四诗品》（或称《诗品二十四则》），简称《诗品》，是一部论诗专著。书中把诗歌的艺术风格具体区分为雄浑、冲淡、纤秾、沉着、高古、典雅、洗炼、劲健、绮丽、自然、含蓄、豪放、精神、缜密、疏野、清奇、委曲、实境、悲慨、形容、超诣、飘逸、旷达、流动24种，每品各以12句四言韵语形象地描述其风貌特征，其中，"雄浑"、"洗炼"、"含蓄"、"形容"、"流动"等品目偏重于创作理论和写作方法上的阐述，所余大都是在风格的摹写形容方面。全书以"雄浑"的兴象开端，用"流动"的气脉终结，其中心则在于"含蓄"，而他诗论的核心则是"冲淡"的意境。

含蓄，司空图解释为"不著一字，尽得风流"，即他所极力倡导的"味

外之旨"、"韵外之致"的艺术境界，所谓"语不涉，若不堪忧"（"含蓄"），要求诗歌托物言志，借景抒情，传达"近而不浮，远而不尽"，"可望而不可置于眉睫之前"的弦外之音。而这种要求就必然使他形成追求冲淡逸远诗风的美学思想，与此同时，司空图提出了"思与境偕"，强调主观之情与客观之境的交融感会，即借景抒情，以形写神，进而遗貌取神，形成委婉含蓄的风貌和意蕴无尽的味外之旨，具有闲淡冲和之美。从此，这种重神韵趣味，追求清空淡远意境的倾向，标志了晚唐以后艺术风尚的转变。

《二十四诗品》影响深远，它所提出的"韵外之味"直接影响了后世严羽的"妙悟"说、王士祯的"神韵"说。此外，《二十四诗品》采取以诗论诗，以诗喻诗的独特的诗论方式形成了中国古代论诗的一种基本艺术形式。